EL ARTE DE CREAR FORTUNA

9 SECRETOS Y 9 MAGIAS PARA SER INCREÍBLE

CLAVES DEL ÉXITO PARA TRIUNFAR EN TUS PROYECTOS

EL ARTE DE CREAR FORTUNA

Prólogo

Los secretos del éxito existen. Es posible que algún día tengas la fortuna de encontrar a una persona de éxito real que te desvele uno de los secretos de su prosperidad. Esa persona lo hará solo si ha visto en ti la posibilidad de que su mensaje de prosperidad vaya a ser realmente escuchado y puesto en práctica por ti. No es que la persona de éxito sea egoísta con sus secretos, sino que difícilmente encuentra a alguien con quien sincerarse de verdad y así compartir alguna pauta de conocimiento.

Mucho menos posible es que alguien de éxito real te desvele todos sus secretos para conseguirlo. Esa situación requeriría una sincronía mutua, sincera y total entre quien comparte y quien recibe.

El éxito no es solo un triunfo en lo económico, es algo más amplio. Una persona de éxito es alguien que ha alcanzado una serie de metas y sigue una serie de pautas en sus proyectos y en su vida, pero también es alguien que irradia una paz contagiosa. Esa paz es fruto del autoconocimiento y de una total coherencia. Los conflictos internos han desaparecido. Gran parte de esos conflictos provienen de aprendizajes limitantes o directamente falsos que se han implantado en el interior influyendo en la mayoría de las decisiones de la vida, coartando tu verdadero potencial y cortando los caminos al éxito. Esta obra de Natàlia Cugueró aborda de una forma extremadamente brillante la resolución de estos conflictos y su consecuencia natural: el éxito.

En filosofías orientales, el dharma es la conducta que no daña (a personas, a la naturaleza, al universo) y seguirlo genera paz interior. Si alguien aprende a no dañarse con sus acciones o pensamientos y actúa (kharma = acción) de acuerdo con el dharma, observará como todo tiende a fluir hacia una dinámica positiva. Este pensamiento aplicado a los secretos que te pueda desvelar una persona de éxito tiene mucha relación. Esos secretos de éxito son dharma, pautas positivas.

Cuando llegó a mis manos este libro sentí una gran emoción y curiosidad, pues sé con total certeza que la autora es una persona de éxito mucho más allá de lo económico. Reconozco que tenía mucho interés y hasta dudas sobre si realmente había sido capaz de volcar sobre el papel su experiencia y crear un método de trabajo efectivo para conseguir las metas que se propongan. Anteriormente, en muchas ocasiones habíamos hablado de las claves y los secretos del éxito, pero desde aspectos puntuales, y puedo asegurar que su punto de vista siempre me ha ayudado a tomar decisiones y a enfocarme hacia el éxito. Una vez he leído este libro, al acabar la última frase y cerrarlo lentamente, he sentido la emoción de que, por fin, alguien ha compartido un método de acción introspectiva realmente serio. Por fin revelados de forma clara y ordenada nueve secretos para conseguir el éxito. Sin duda requieren esfuerzo y despojarse de convicciones impuestas u obsoletas.

Cada secreto desvelado, cada capítulo, es un ejercicio para eliminar lo implantado que sabotea tu éxito y a la vez se llena ese espacio libre de bloqueo con una serie de potentes mantras que consiguen sacar el verdadero potencial. Liberación del peso del fracaso, de las falsas necesidades, de sobreesfuerzos innecesarios que solo entorpecen el buen fluir hacia el éxito… la toma de buenas decisiones… No quiero dar más pistas de su maravilloso contenido, pero no puedo dejar pasar por alto en estas líneas las nueve magias desveladas en uno de los capítulos, magia ritual aplicada al éxito, al emprendimiento, a la empresa, a la vida.

Tener en tus manos este libro, "El Arte de Crear Fortuna", es justamente tener la fortuna de encontrarte cara a cara con una persona que desea compartirte sus secretos del éxito, que cree en ti y en tu potencial y que va a estar a tu lado en todo ese proceso. Este libro es una gran oportunidad, tu gran oportunidad.

Siento después de leer el libro de Natàlia Cugueró la necesidad de difundir sus métodos a aquellos que están preparados para dar el gran paso al éxito total.

Swami Manuel

Y, sobre todo, no olvides que tu tiempo,
es ese tiempo que te ha tocado vivir:
no otro, y no desiertes,
orgulloso o cobarde, cuando te sientas llamado
a tomar parte, como todo el mundo, en la lucha,
pues tu lugar solo puedes ocuparlo tú.

Miquel Martí i Pol (Roda de Ter, Osona 1929-2003)
poeta catalán

Introducción

Este es el libro que me hubiera gustado tener en mis manos hace mucho tiempo, también cuando empecé a emprender. Después de acabarlo, me siento en paz y feliz de poder leerlo, porque recordar lo que una ha aprendido es un acto de amor propio.

Es un libro escrito desde la profundidad de mi propia experiencia, de haber aprendido de muchas personas en todos los ámbitos, empresarial, personal y también espiritual. Cabe mencionar que cuando he integrado la dimensión espiritual, que se encuentra totalmente vinculada a quien soy, he sido la persona emprendedora y creativa que quería ser. Deseo que te pase lo mismo.

Cuando hablo de emprender lo hago en un sentido muy amplio. Apelo a esa parte de ti que tiene ganas de prosperar y de hacer realidad cualquier proyecto, sea el que sea. No necesariamente el de crear una empresa. Me refiero a que puedas tomar decisiones en beneficio de tus objetivos, a que encuentres la forma de tomar decisiones más adecuadas para que puedas escoger de forma correcta entre las opciones que tienes y que esta elección te ayude a optar por aquellas que te acercan al éxito, y a rechazar las que te alejen de él. Te daré herramientas para escoger entre tus opciones y decidir la más correcta para ti, la que te lleve a conseguir el éxito, sea cual sea la idea que tengas. Esto hará que tengas fortuna y riqueza en el sentido más amplio de ser una persona afortunada.

Cuando se empieza a emprender, cada uno tiene una idea fruto de todas las vivencias anteriores. Tiene una ilusión que quiere perseguir, muchos sueños por conquistar, y sobre todo, experiencias por vivir, que le permitan evolucionar. Si tratamos de emprender desde este punto de vista amplio, podremos constatar que es una actividad totalmente integrada con la propia dimensión espiritual. Cuando alguien crea un proyecto, lo hace fluyendo en aquello que hace. Se sitúa al límite de lo que ha aprendido y se fuerza a cuestionarse muchas cosas, cosas que lo empujan a aprender y evolucionar.

Muchas veces las dimensiones económica y espiritual se han separado, dejando el mundo de la economía vinculado al materialismo puro. Esto nos desapodera de crear la abundancia desde uno de los instrumentos más poderosos que tenemos para hacerlo, los proyectos y también las empresas.

Lo que comparto aquí es una manera de emprender inclusiva, de triunfar en el mundo material y también en el espiritual, incluyendo la esencia de quiénes somos, en un equilibrio e integración perfectos. Revelo los secretos para que podamos ser quienes realmente somos, seres creativos y completos, y también permitirnos serlo mientras emprendemos, evolucionamos y aprendemos. Explico la magia de emprender desde sentirnos bien y en paz con todo aquello que hacemos. En definitiva, te conduzco a quitarte de encima ideas obsoletas sobre emprender y otras limitaciones que obstaculizan tus proyectos. También te guío para que puedas abrazar ideas nuevas que te puedan ayudar a crear desde tu potencial más amplio. Cuando desbloqueas aquello que te impide crear y proyectas desde tu esencia única, no tienes límites. La clave está en que irás integrando todo esto que te expongo desde la elección personal, la responsabilidad y el amor hacia aquello que eres y que haces.

Estaré satisfecha si todo lo que te cuento puede ayudarte a ser más quien eres. Estaré satisfecha si puedes sentir que lo que te ofrezco aquí te ayuda a ser más auténtica. Estaré satisfecha si cuando lees el libro encuentras útiles algunas de las ideas que te ofrezco y cuando decidas integrarlas y practicarlas, te ayudan a conseguir tu prosperidad.

Si después de leer este libro te sientes más libre y notas tu poder para crear, habré hecho alguna cosa que habrá valido la pena para mí.

A quien lea este libro le deseo que encuentre inspiración en su interior para poder realizar todos sus proyectos y en definitiva triunfar. Le deseo que encuentre su propia magia única, con la certeza de que todo lo que somos y expresamos, desde la abundancia y el amor hacia nosotros mismos, da siempre sus frutos, y también influye positivamente a los demás.

Ser una persona emprendedora y tener éxito forma parte de nuestra dimensión espiritual, de expresarnos como seres completos y prósperos. Aquí encontrarás algunos secretos y una chispa de magia para conseguir la prosperidad que mereces. Si así lo quieres, podrás integrar estas ideas para ver que lo físico, lo mental y lo espiritual forman parte del emprendimiento, porque cada uno de nosotros es un universo emprendedor, lleno de proyectos por materializar.

He estructurado el libro de manera que puedas leerlo entero la primera vez, para que después puedas abrirlo por la página que quieras para inspirarte en algún momento concreto de tu proceso creativo y emprendedor. Cuando estés en una situación determinada y abras el libro, la página contendrá lo que necesites en ese momento para decidir lo mejor para ti.

Cada sección aborda uno de los secretos que te llevará a tener prosperidad, sea cual sea tu idea de prosperidad. Incorporo paso a paso todo lo que necesitas para decidir deshacerte de patrones o memorias que te limitan y para incorporar los patrones que te ayuden a avanzar hacia el éxito. Primero para ser consciente de lo que te bloquea y que estás repitiendo continuamente de forma automática y deshacerte de ello, y después para atraer y crear las cosas que realmente quieras. Tu libre albedrío se basa en esto, en conseguir proyectar desde la abundancia todo lo que decidas, y liberarte primero de lo que te aleja de lo que quieres y ya no necesitas.

En este sentido me centro mucho en que te des cuenta de lo que estás proyectando, y de cuáles pueden ser las creencias que te están haciendo vivir lo que vives. A continuación, también te doy herramientas que me han funcionado para poder ir cambiando estas creencias y liberarte de ellas, introducir otras nuevas, tratarte con respeto a ti misma y conseguir un diálogo interior constructivo, que te dé seguridad para expresar quién eres en tus proyectos.

Te propongo algunas prácticas sencillas que puedes incorporar en tu día a día para sentirte en conexión con tu poder único, y puedas expresarte desde toda tu plenitud, con la máxima libertad para decidir y actuar. Irás viendo que los límites solo te los pones tú y, por tanto, solo tú te puedes desprender de ellos. Una de las ideas de fuerza que iré repitiendo es que tú tienes la libertad para hacer lo que quieras con tu vida. Así, si no estás expresando lo que quieres, la prosperidad que deseas, es porque te estás limitando, creyendo cosas sobre ti que no te ayudan a avanzar. Tan importante es tener claro qué quieres, como iniciar el proceso de deshacerte de lo que ya no te sirve.

A lo largo del libro mezclo todas las dimensiones de tu ser porque todas actúan a la vez, las dimensiones física, mental, emocional y espiritual son en realidad una única dimensión: tú. Te iré recordando constantemente que cuando dudes respecto a qué hacer en un momento concreto, te preguntes qué haría alguien que te ama mucho y quiere lo mejor para ti. Para que puedas decidir integrando todo lo que sabes y sientes a tu favor. El amor incondicional hacia ti misma, la libertad que tienes y te debes permitir son lo más importante para activarte y prosperar.

Durante el libro te voy desvelando los secretos que me han funcionado para conseguir prosperidad. Estos secretos están relacionados con desaprender y aprender. Respecto a desaprender, te expongo algunas creencias que de manera general te limitan para desplegar toda tu creatividad. Continúo con desaprender ciertas ideas sobre el fracaso, los errores, el esfuerzo y las falsas necesidades. Respecto a aprender, te hablo de cómo crear desde una mentalidad abundante. También te expongo cuál pienso que es nuestra naturaleza y qué función tienen todas aquellas cosas que forman parte de nosotros como son la conciencia, el ego, el subconsciente, entre otras. Entendiendo nuestra naturaleza y profundizando en quiénes somos, nos hace empezar un proceso de crear aquello que se ajusta a nuestra esencia única, y materializar nuestra prosperidad. Finalmente, expongo la manera de tomar decisiones más adecuada y algunas formas de sentir la inspiración a través de despertar la magia que llevas dentro. Todo lo que expongo lo intento desgranar de la forma más simple posible para que puedas hacerlo tú fácilmente. Sin embargo, es cierto que solo tú puedes adaptarlo a tu manera de ser para que te sea útil. También te iré repitiendo que eres un ser único y eterno, creador también de parte del universo externo que ves y experimentas. Un universo que sin ti no puede estar completo. Al final del libro te planteo un último consejo de amor propio para crear y que espero que te ayude a integrar todo lo anterior.

Repetir y releer el contenido de este libro es un regalo que puedes hacerte cada vez que necesites conectar con tu esencia. Hazte este regalo tantas veces como puedas. Y haz caso solo a lo que te ayude a amarte más y ser más coherente contigo en cada momento. Cuando te quieres, puedes quererlo todo, y puedes hacer cosas por ti y los demás, cosas increíbles y únicas.

Tu aportación es la que el mundo necesita en este momento. Eres irrepetible.

SECRETO I

Desvelando el primer secreto. Deshazte de los prejuicios sobre emprender y tener éxito material y prosperidad

Lo más importante es que reconozcas que atreverte a plantear y tirar hacia delante cualquier proyecto, en esencia, es un acto de creación valiente, generoso y apoderado. Así pues, si lees estas líneas es porque eres una persona valiente y generosa, que ha decidido apoderarse y tener éxito. Cuando creas desde cero lo haces desde tu parte más interna, y, por tanto, desde tu esencia única, también espiritual. Siempre es así, aunque muchas veces lo olvidamos. Por eso, la intención más auténtica que tienes cuando piensas por primera vez en un proyecto, te la tienes que grabar a fuego, para que te sirva como una brújula interior, en momentos de duda.

Tiene mérito atreverse a crear desde quién somos realmente, soñar y a la vez poner en práctica estos sueños. Ser una persona auténtica tiene mucho valor, el mundo necesita personas así. Vivimos acostumbrados a fingir que somos lo que no somos y a mostrarnos de cara al mundo con unos estereotipos que muchas veces no sentimos como propios, pero que hemos creído que el mundo nos exige. Tenemos tendencia a sobreactuar y a dejar de ser quiénes somos. Y en este proceso de no ser quienes somos, nos podemos volver egoístas, egocéntricos, ególatras, dependiendo de nuestra personalidad. Lo más relevante de estos tres desequilibrios del ego, aparte de que puedan molestar a los demás, es que no nos ayudan a seguir conectados con nuestra parte más auténtica y genuina. Esta esencia irrepetible que es la que puede aportarnos valor y hacer que lo aportemos a los demás.

Tu personalidad auténtica no es un problema de ninguna manera, es también una expresión de tu individualidad y cualidades únicas que tienes todo el derecho a mostrar. Más adelante hablaré del ego y expondré que es una parte más de ti, necesaria. Desde un punto de vista pragmático, sin el ego no puedes interactuar ni crear en el mundo donde vives. Por tanto, el ego solo es un problema cuando por miedo o la necesidad de satisfacer peticiones externas, se atrofia o hipertrofia, como ya te he dicho antes y comentaré después. Y cuando tienes un ego desequilibrado, el mayor perjudicado eres tú.

Es importante que reconozcas tu valía. He conocido a muchas personas emprendedoras, y cabe decir que a todas ellas les mueven las ganas de ayudar a alguien, de solucionar problemas y satisfacer necesidades existentes en el mundo. Y esto lo he visto siempre, tanto si se trata de fundar una empresa como de crear proyectos personales y colectivos de todo tipo. Y es esta parte auténtica y creativa, personal y única, la que nunca debes perder, por nada ni por nadie. Es la que debes alimentar con tu atención, intención y voluntad. Es la parte que si la escuchas, te lleva donde tienes que estar. Y es esta parte la que te mantiene en equilibrio entre tú y los demás, entre dar y recibir, entre crear y esperar a que prospere aquello que has creado.

Ahora bien, en el mundo en que vivimos, observamos que se separa muy a menudo la actividad económica de la espiritualidad. Si miramos a nuestro alrededor, observamos a personas con mucho éxito material y totalmente desoladas en otros ámbitos, pues han creído que tienen que renunciar a quienes son realmente para tener éxito. También encontramos a personas muy íntegras y profundas que no acaban de materializar lo que se proponen. En realidad, las primeras tienen muy clara la prosperidad material, pero no se preocupan por quién son, de todas sus otras dimensiones, y tampoco tienen demasiada empatía con los demás. Las segundas no acaban de materializar lo que quieren, no encuentran la forma de creer en sus cualidades, y tal vez tengan demasiada empatía con los demás y poca consigo mismas. En general, en ambos casos existen creencias limitadoras, tanto generales como personales, que las llevan a fragmentar la prosperidad que crean. Al final, el objetivo principal de tu vida es que seas una persona próspera, que no te pierdas nada y que puedas integrar todas tus motivaciones y dimensiones en una vida que tenga sentido para ti y para las personas relevantes para ti, con quienes hayas decidido interactuar.

Aquí, quiero comentarte algunas de las razones que te dificulten integrar en tu vida todas las caras de la prosperidad. Te propongo revisar las creencias que pueden estar limitándote para conseguir una prosperidad completa cuando emprendes. A estas creencias las llamo limitaciones porque solo conducen a «darnos la razón». No nos hacen llegar donde queremos, sino que solo nos ayudan a explicar y justificar no haber llegado allí. Nos tranquilizan, pero no nos permiten avanzar.

Para entender mejor lo que comento, te explicaré cómo funcionan en general las creencias en tu vida. Fruto de tus experiencias y del entorno en el que te has educado, tu mente consciente ha hecho ciertas interpretaciones, incorporándolas en la parte subconsciente como creencias verdaderas. En realidad, no siempre tenemos claro ni vamos revisando lo que creemos. Y, cuando ya lo tenemos interiorizado, la mente subconsciente, que lo considera válido, lo usa de forma automática y va tomando decisiones basadas en su certeza. Así, cuando tienes una creencia sobre un tema concreto, siempre está funcionando en tu vida, y, por tanto, la condiciona continuamente. De este modo, te acabará pasando lo que te confirme tu creencia, para que puedas seguir afirmando que esto que crees es verdad. Por tanto, las creencias que tienes funcionan así porque en algún momento las has dado por buenas y la mente subconsciente las tiene funcionando de forma automática. No tienen ninguna intención de castigarte, solo darte la razón, porque tú las crees.

Aquí me quiero detener un momento, porque es útil entender la naturaleza de la verdad. ¿Existen verdades absolutas ciertas para todo el mundo? Pues seguramente existen algunas, pero pocas. También te diré que no existe ninguna seguridad de que lo sean siempre, porque van evolucionando a medida que tenemos más conocimiento en todos los ámbitos. Por ejemplo, la ley de la gravedad actúa cuando dejo caer un objeto. Observo que se precipita al suelo y eso es debido a la fuerza de la gravedad terrestre que actúa sobre el objeto. Ahora bien, la física clásica no es la más adecuada para explicar otros aspectos de la naturaleza de la materia, como después expondré cuando explique quiénes somos.

También existen aquellas creencias que parecen verdad, porque sencillamente se encuentran generalizadas de manera colectiva y actualmente nadie las cuestiona. ¿Esto quiere decir que son verdad realmente? No necesariamente. Actúan como verdad para aquellas personas, porque así lo creen, o porque no se las cuestionan. Y, por tanto, contribuyen a crear una realidad que se va realimentando y consolidando hasta que alguien la cuestiona.

Y, finalmente, hay verdades que solo lo son para ti o para poca gente. Estas serían las creencias que tenemos cada uno de nosotros, tanto conscientes como inconscientes. Y también actúan creando una parte de lo que experimentamos. Son como las anteriores, pero seguramente nos es más fácil darnos cuenta de que las podemos cambiar, ya que mirando a nuestro alrededor mucha gente no se las cree. Cuando empiezas a observarte y a entender que puedes cambiar lo que crees, enseguida podrás ver que otras personas en circunstancias similares a las tuyas y con creencias distintas están experimentando cosas diferentes. Es entonces cuando puedes cuestionarte aquello que creías que era verdad y aceptar que el hecho de ser «cierto» solo es una opción entre muchas.

También es cierto que muchas veces nos molesta aceptar esto. Nos frustra y nos hace sentir culpables pensar que una parte de lo que nos pasa podríamos evitarlo. Pero es necesario que entiendas que no importa si niegas lo que ves en tu vida e insistes en que no lo querías. Eso que crees sostenidamente y que tu subconsciente va repitiendo, crea una parte importante de tu realidad y te indica lo que hasta ahora has «querido». Seguramente habrá cosas que no podrás cambiar totalmente, pero tienes más incidencia en crear tu realidad de lo que crees. Nuestra naturaleza se basa en tener libertad de acción en bastantes más cosas de las que pensamos. Y esta libertad tiene como límite la responsabilidad y como motor el amor incondicional que nos permite escoger y equivocarnos, aceptando esta responsabilidad.

Tener la razón a veces va en contra de lo que genuinamente queremos. Cambiar se basa en esto, en renunciar a tener razón para encontrar caminos alternativos más favorables, que te faciliten ser quien eres y conseguir lo que realmente has decidido que es bueno para ti.

No sé decirte si el mundo es como es porque muchas personas actúan validando esta forma de ver el mundo. O bien, si tenemos esta manera de ver el mundo fruto de observar lo que pasa en él. No tenemos la certeza absoluta de qué es primero, si la creencia o lo que observamos. Ahora bien, lo que sí podemos constatar es que las creencias crean una buena parte de nuestra realidad. Y, lo más importante, la siguen recreando hasta que las cambiamos.

Es complejo modificar creencias colectivas, pero cada uno de nosotros sí puede revisar las propias creencias para actuar con libertad y de manera consciente en la medida de lo posible. La libertad absoluta no existe, porque siempre existe nuestra libertad y la de los demás, pero siempre debemos aspirar a adquirir grados de libertad y responsabilidad para crearnos una vida próspera, y hacerlo teniendo en cuenta a las personas que consideramos relevantes para nosotros, las personas que nos acompañan durante la vida.

Ahora que ya te he expuesto todo esto, vamos a ver cuáles son las limitaciones que te pueden bloquear relacionadas con emprender y proyectar. Las limitaciones tienen diferentes orígenes. Hay limitaciones que provienen de creencias generalizadas, compartidas por muchas personas y que tú has interiorizado, en ocasiones casi sin darte cuenta. Otras son más personales y dependen de las experiencias de cada cual. El primer paso para prosperar es hacerlas conscientes y sustituirlas por otras más expansivas.

Primero te hablaré de las creencias limitantes, generalizadas o ampliamente extendidas relacionadas con emprender.

La primera limitación que podemos tener es vincular el mundo del emprendedor que prospera con la avaricia, la mezquindad y la explotación. Esto no es una verdad absoluta. La avaricia no es propia de quien proyecta o emprende, y, por tanto, es un prejuicio vincularla al mundo del emprendimiento. La avaricia la practica quien decide hacerlo, y es totalmente transversal, como cualquier otra característica y opción que tenemos las personas cuando actuamos. Tener esta creencia te puede limitar si en general te has preocupado por ser una persona generosa y vinculas ser emprendedor a no ser generosa. Tienes miedo a cambiar y eso te lleva a no permitirte tener prosperidad, en este caso, material. También te puede limitar esta creencia si llegas a permitirte tener éxito material. En este caso, puedes acabar comportándote de manera avariciosa sin ni siquiera darte cuenta. Se activará tu miedo a perder aquello que has conseguido. Entonces, este miedo te llevará a que no tendrás nunca suficiente y no encuentres el momento de ser generoso con los demás usando lo que vas obteniendo. Poco a poco irás actuando como esa persona avariciosa que evitabas ser.

De hecho, en algunos casos, el marco mental de crear proyectos y emprender puede estar influenciado por teorías que fomentan que los emprendedores acaben siendo poco auténticos o avariciosos. Pueden existir casos de empresas de nueva creación que se montan con el único objetivo de venderse y sacar una gran cantidad de dinero a corto plazo para los fundadores y otros inversores. Sin embargo, esto no es generalizado, y también se manifiesta en otros ámbitos diferentes, que no tienen que ver con emprender, sino más bien con especular. Y la especulación no es territorio exclusivo de los emprendedores.

La segunda limitación es la creencia de que en la relación entre los empresarios y los trabajadores los primeros son la parte «explotadora» (que abusa) y los trabajadores la «explotada» (abusada). Seguro que existen casos de corporaciones poderosas en las que la persona está poco o nada considerada y existen diferentes tipos de explotación. Pero en la mayor parte de empresas no es así. La actitud de abuso la pueden tener las personas situadas en ambas posiciones, tanto cuando emprenden como cuando trabajan para otro. Si tienes esta creencia, te puede limitar cuando emprendes, ya que tienes miedo de convertirte en una persona que abusa. Puede pasar que esto te impida prosperar. También es posible que si al final consigues tener cierto éxito sea tu entorno el que acabe abusando de ti. O que acabes siendo la persona abusadora que evitas ser, para evitar que los demás abusen de ti. Otra vez el miedo activa comportamientos para acabar confirmando lo que crees.

La tercera creencia que limita crear proyectos y prosperar, es vincular ser rico a nivel espiritual con ser pobre a nivel material. En cierta medida no crees que las dos dimensiones de la prosperidad sean compatibles, te sientes destinado a escoger una. Eso implica considerar que el dinero pervierte tu esencia, porque es intrínsecamente malo. Si observamos nuestro entorno veremos que la creencia no se sostiene. Existen todas las combinaciones posibles en los cuatro cuadrantes de ser pobre o rico, en las dimensiones espiritual y material. De hecho, la manera más completa de ser próspero o rico es la que incorpora satisfacer todas tus motivaciones, en tus partes física, mental, emocional y espiritual. Una persona en equilibrio atenderá a todas sus motivaciones y tendrá objetivos de todo tipo. Si crees en esta disociación de la prosperidad, y tienes que escoger entre tu parte espiritual y material, tal vez acabes huyendo de tu bienestar material, para encontrar lo más esencial. O, si te lo permites, puedes acabar sintiendo que no lo mereces y, por ello, no saber gestionarlo correctamente. Puede pasar que no acumules ni una mínima cantidad de dinero prudente para el futuro, y que nunca consigas ahorrar para tus proyectos.

La cuarta creencia generalizada proviene de determinadas teorías económicas clásicas, que se basan en que los recursos disponibles son escasos y, por tanto, no hay suficiente para todos. Cuando crees esto, interpretas que si tú tienes más de una cosa, estás privando a otra persona de tenerlo, y a la inversa. Cuando tienes interiorizada esta visión del mundo, en el momento en que emprendas un proyecto, se activará. Encontrarás diferentes formas de boicotear tus proyectos. Puedes sentir que no tienes lo que te falta porque lo tiene otra persona. O que las cosas que te faltan las tienes que quitar a otra persona. Cabe destacar que esta creencia está muy extendida y la tenemos en menor o mayor medida. Para mí, pensar así es proyectar desde la escasez. Como creo que es muy importante entender en profundidad qué implicaciones tiene, te hablaré de ello más adelante. Confrontaré proyectar desde la escasez con proyectar desde la abundancia, dado que esta última es la que considero más funcional y próspera.

Una vez vistas estas creencias o limitaciones más generalizadas relacionadas con el emprendimiento y crear proyectos, te quiero hablar de las limitaciones más personales. Estas limitaciones provienen de experiencias más personales y de aprendizajes propios, de cosas que te has creído tú durante bastante tiempo y que seguramente aún crees que son ciertas. Su origen se puede encontrar en la educación que has recibido, en la cultura en la que te has desarrollado, en la familia que tienes, y respecto a esta familia se puede remontar a generaciones anteriores a las que viven actualmente.

Así pues, es importante que descubras cuáles son los pensamientos que tienes sobre crear proyectos, hacer dinero y prosperar. Es importante que te escuches y mires dentro de ti. Dedica tiempo a observar qué ideas y creencias tienes sobre el dinero y la prosperidad. Haciéndolo verás si te están sirviendo para tus objetivos o si, al contrario, solo vas creando situaciones que perpetúan aquello que ya no quieres, interrumpiendo tu proceso de crear prosperidad.

Este proceso de conocerse no siempre es inmediato. Lo primero es entender de qué creencias quieres deshacerte. Te puede ayudar aceptar que te han traído hasta aquí, y han sido útiles. Entra en un proceso de aceptación y de atreverte a sacar adelante tus propias ideas, para expresar quién eres cada vez más. Acepta que te mereces el resultado, también material, de lo que haces desde el amor hacia ti y los demás. Este amor que se expresa cuando creas, tiene que ver con tu empatía y conexión con la vida. Tiene que ver con expresar tus cualidades para que tengan impacto en el mundo, en los demás, y en ti.

En el siguiente ejemplo intento explicarte lo que te comento con el objetivo de que te sirva para cambiar patrones obsoletos y sustituirlos por otros que representen mejor quien eres, que te ayuden a descubrir todo lo que te llena.

Respecto a las limitaciones que nos imponemos, me viene a la cabeza el caso de una consulta que recibí hace años. Era una empresa con muy buenas ideas, y con emprendedores comprometidos con el proyecto. A pesar de que la empresa solucionaba las necesidades reales de los clientes y tenía una concepción holística e integrada, no conseguían los resultados esperados.

Hablando con los dos socios, intenté entender dónde se habían encallado. Les comenté que tenían un servicio fantástico, y que era normal que tuvieran buenos resultados y que ellos pudieran vivir en la abundancia material. Dicho eso, noté que empezaban a justificarse. Me comentaban que ellos podían vivir con poco, y que no necesitaban todo eso, que no les hacía falta cambiar de vida ni nada parecido. Insistí, un poco expresamente, dándoles a entender que si querían tener un buen coche y una buena casa estaba bien, que todo estaba bien.

Finalmente, llegamos a la conclusión de que sentían cierta culpabilidad si las cosas les iban bien, que esto de tener abundancia material les molestaba un poco. Que serían los clásicos empresarios que acabarían perdiendo la esencia del inicio. Después de hablar sobre ello, les comenté que nadie les podía hacer perder su esencia, que eso era imposible. Les dije «solo vosotros tenéis el poder de decidir perder vuestra esencia, y no creo que sea el caso. Tener dinero os ayuda a seguir haciendo cosas, y a vivir en la abundancia y ser ejemplo para los que trabajan con vosotros. Haciéndolo estáis ayudando a los demás a sentir eso y, por consiguiente, les estáis mostrando hasta dónde pueden llegar. El mejor impacto que podéis tener es mostrar esto tanto como podáis».

Cuando vieron que su idea de tener cosas y recursos se basaba en la escasez, en que si ellos tenían quería decir que se lo estaban quitando a los demás, empezaron a cambiarlo. Pudieron valorar que precisamente teniendo recursos materiales podían ayudar a los demás a creer en su propia abundancia, y esto los llevó a tener mucha más fluidez y creatividad en todo lo que hacían. Finalmente, sintieron que la prosperidad era el resultado lógico en el que encontrarse.

Todos tenemos la semilla de emprender proyectos en nuestro interior. Vivir consiste en esto.

Si observas tu motivación cuando emprendes un proyecto, serás capaz de recuperar esa parte que tiene mucho que ver con quién eres, con tu visión de lo que quieres materializar, desde tu parte más auténtica y única. Por esta razón, debes encontrar y reforzar todo lo que hay dentro de ti que te ayuda a ser tu mejor versión, la más auténtica y genuina. Esto te permitirá sentirte plena y notar la alegría de vivir. Y desde este primer impacto positivo que tendrás en tu vida, podrás impactar al mundo con tus cualidades.

Al final de algunos capítulos, te propongo mantras y alguna práctica para ayudarte en el proceso de sustituir y liberar tus creencias antiguas sobre emprender que te pueden estar limitando y puedas sustituirlas por otras más funcionales.

Los mantras son frases inspiradoras que te acercan a la verdad y que te ayudan a ampliar las opciones para tu prosperidad. Yo suelo escoger un mantra que esté orientado a la creencia que estoy trabajando. Puedes hacer lo mismo. Puedes comenzar por escoger un mantra que esté relacionado con tu limitación. Repítelo al menos tres veces durante el día, en distintos momentos. Respecto a perseverar, te recomiendo lo que hago yo, que es repetirlo al menos durante 21 días. He observado que cuando tenemos pensamientos muy arraigados sobre determinados temas necesitamos un tiempo para poder sustituirlos. No hace falta que digas los mantras en voz alta, puedes repetirlos para ti.

Puedes acompañar los mantras de visualizaciones. Puedes visualizar, imaginar, que vas sustituyendo tus creencias antiguas por estas nuevas. Puedes hacerlo con todas las afirmaciones (mantras) que quieras. Los que te propongo son ejemplos que funcionan, pero te animo a que escribas los tuyos, con tus propias palabras. Al final, tienes el poder necesario para cambiar todo lo que decidas.

Mantras para sustituir y liberarte de los antiguos patrones obsoletos sobre la prosperidad integral, para que puedas integrar una visión completa, tanto física como espiritual, de emprender y prosperar desde la abundancia:

MANTRAS

- Cuando emprendo soy una persona creativa, generosa y valiente.
- Proyecto siempre expresando mis dones y genero prosperidad.
- Siempre emprendo integrando todas las dimensiones física, mental, emocional y espiritual.
- Tener resultados materiales forma parte de prosperar.
- Me permito tener dinero y expreso mi generosidad cuando lo tengo.
- El éxito material forma parte de mi evolución integral.
- Vivo con plenitud y me libero fácilmente de lo que no es funcional.

A continuación, una práctica para ayudarte a sustituir creencias que te limitan por otras más verdaderas y expansivas.

PRÁCTICA PARA DESHACERTE DE PATRONES DE PENSAMIENTO QUE TE LIMITAN, CON AMOR Y PACIENCIA HACIA TI:

1. Piensa y escribe un patrón de pensamiento o creencia que te esté limitando relacionado con el dinero. Por ejemplo, te propongo una común y bastante absurda

como pensar que «los ricos roban». Por cierto, relacionar ser rico con robar está mucho más extendido de lo que pensamos.

2. Ahora, observa si esa creencia se sostiene. Lo más probable es que no. Deconstrúyela observando esa parte de la realidad que la contradice. Piensa en casos cercanos que no cumplan esta creencia. Con que encuentres solo uno, ya sirve, pero seguramente encontrarás muchos. Acepta que es una idea subjetiva y no una ley universal.
3. Visualiza cómo esta creencia se debilita. Encuentra la manera de visualizar que te resulte natural. A mí me funciona imaginar que lo que he escrito se borra.
4. Intenta sustituir esta creencia por otra más asertiva y adecuada para ti, que te haga sentir bien. No vale con que sea una afirmación «positiva» que desmienta la anterior. Busca una afirmación que incluya una verdad más auténtica. Por ejemplo, «ser rico es tener siempre lo que necesito y estar en equilibrio con los demás».
5. Para integrar esta nueva manera de pensar, puedes ponerla por escrito, e ir leyéndola. Puedes hacerlo unas cuantas veces y durante unos días. En general, para incorporar un nuevo hábito de pensamiento es necesario practicar de manera sistemática entre 21 y 40 días. Así lo puedes hacer.

6. Mientras vas interiorizando este mantra o afirmación vital, ve observando cómo te sientes. Acepta las resistencias que queden o que puedas notar. Puedes seguir indagando con las resistencias que vayan apareciendo, y volver a comenzar este proceso con ellas. Poco a poco irás abriéndote a nuevas formas de pensar.

La manera más práctica de notar que has cambiado es observar los resultados que vas obteniendo. Los resultados pueden ser externos, pero aquí me refiero más a resultados que se producen en tu interior. Empezarás a hablarte de una forma diferente, y a pensar de forma diferente también. Esto te hará mejorar la relación contigo misma y te pasarán cosas nuevas, puesto que ya no te hablas ni piensas como antes.

Tal vez necesites tiempo para ir interiorizando nuevas formas de pensar y actuar. Ten paciencia contigo misma. No hay un tiempo establecido para deshacerse de ciertos patrones de pensamiento, por lo tanto, debes ir observándote y perseverar. De la perseverancia hablaré más adelante.

SECRETO II

Desvelando el segundo secreto. Deshazte de las creencias que tengas sobre el error y el fracaso. Equivocarse es de sabios. El fracaso no existe

Tú ya eres perfecta como eres. Eres una expresión particular y única de la vida, en mayúsculas. Eres un proceso vital que evoluciona. Cuando entiendes esto, las ideas de perfección, perfeccionismo y error cero dejan de tener sentido. Lo que hoy es perfecto para ti, mañana dejará de serlo. Así, lo más importante es ser quien eres en todo momento y entender que estás en constante evolución. Cuando te permites aprender, también aceptas «equivocarte». Uso las palabras error, equivocación y fracaso porque son las que todo el mundo utiliza. Lo que intento es ir desplegando el concepto que esconden y que puede ser útil para avanzar.

Existen dos conceptos cuando hablamos de aprendizaje, incorporar nuevos aprendizajes y deshacerse de antiguos aprendizajes. A mí, el error me indica de qué me tengo que desprender o qué tengo que desaprender. Por tanto, haré más hincapié en este aspecto.

Es importante que entiendas que tenemos memorias colectivas muy potentes relacionadas con el error y con la equivocación. Quiero decirte que el error es inevitable, porque forma parte de la experiencia de vivir, de hacer cosas, probarlas y ver si funcionan. De hecho, en la mayoría de culturas emprendedoras, equivocarse es de sabios. Sin embargo, en estas mismas culturas no es de sabios seguir con el orgullo de no reconocer lo que ya no nos funciona. Este orgullo nos perjudica y nos hace quedar atrapados en un bucle nada funcional. Bucle que nos aleja de la alegría de vivir y de poder crear desde nuestra parte más esencial y única, desde nuestra abundancia.

Te propongo que te hagas un favor y rehagas el concepto de error, volviendo a definirlo de manera que te resulte útil. Te recomiendo una cosa que me ha funcionado y es que veas el error solo como un indicador de lo que necesitas desaprender. Un indicador de lo que ya no te sirve y necesitas liberar. Ni más ni menos. Cuando veas el error, céntrate en lo que quieres dejar ir. Así, el espacio que liberes te permitirá incorporar nuevos aprendizajes. El error es el iniciador del proceso de aprendizaje.

Mira el error como el dedo que señala la luna. ¿Qué mirarás, el dedo o la luna? La luna. Haz lo mismo en tu día a día, cuando emprendes proyectos para tener éxito, mira siempre a la luna, donde reside tu sabiduría, donde te das margen para cambiar lo que ya no te funciona y para sustituirlo por algo más funcional. A mí me gusta mucho comparar el aprendizaje con las diferentes fases lunares, que se corresponden con el ciclo infinito de la vida misma, de desaprender y aprender. El error es el precursor de lo que te conviene soltar. Precisamente cuando detectas el error, mira si necesitas dejar ir alguna cosa (cuarto decreciente). Después, seguramente sentirás que necesitas estar en silencio y quietud, esperando (luna nueva). Desde este silencio podrás decidir si necesitas incorporar algún nuevo aprendizaje (cuarto creciente). Y finalmente, desde el nuevo aprendizaje decidirás, actuarás, harás y consolidarás la nueva forma de hacer (luna llena). No te quedes demasiado tiempo en el error en sí, sino en lo que te indica que necesitas soltar.

Para que puedas interiorizarlo mejor, te pondré un ejemplo que me he encontrado en numerosas ocasiones, y que creo que es muy habitual. En este caso relacionado con errores y deshacerte de creencias poco funcionales. Seguro que te resuena.

Vino a verme a mi consulta una empresaria muy angustiada. Me comentaba que sentía que siempre se equivocaba seleccionado a personas. Me explicaba que sus colaboradores no se implicaban, que no sentían el proyecto como algo suyo. Les intentaba hacer partícipes del proyecto, darles libertad para hacer su trabajo y darles reconocimiento tanto como podía.

A pesar de eso, siempre tenía la sensación de que no consideraban la empresa como una prioridad, que siempre querían más a cambio de hacer menos y que no la ayudaban a sacar el proyecto adelante. Estaba convencida de que no tenía ojo para ver quién podría funcionar y había entrado en un círculo vicioso de desconfianza hacia los demás, pero principalmente hacia ella misma.

Después de escuchar sus argumentos y situaciones le hice algunas preguntas: «¿Qué crees que debes desaprender? ¿Qué te indica este aparente error en el proceso de selección y vinculación de tus trabajadores y trabajadoras? ¿Por qué crees que los trabajadores acaban estando desanimamos y siendo poco productivos?» Después de profundizar, se dio cuenta de que tenía muchas ideas sobre los trabajadores impuestas desde su propia educación, y desde las ideas que su padre, empresario, le había inculcado. Su padre siempre había repetido que los trabajadores eran personas poco implicadas, que le robarían si pudieran y que se les tenía que atar en corto. Es así como esta persona, fiel a cómo su padre le había enseñado a ver a los trabajadores, había incorporado esta creencia en su interior, e inconscientemente la repetía y perpetuaba su cumplimiento. Las personas que trabajaban para ella acababan teniendo precisamente ese patrón de comportamiento, y acababan por estar poco implicadas, de hecho notaban su energía de rechazo. Su aparente error no era más que el indicador de lo que tenía que desaprender, para cambiar el punto de vista y permitirse una visión más de acuerdo con lo que ella quería materializar. Fue un proceso muy valioso, interior, para acabar decidiendo como quería verse ella y sus trabajadores, para decidir por ella misma desde su interior, y para conseguir el equipo que necesitaba. También fue el proceso de eliminación de creencias viejas y obsoletas que no eran suyas y ya no le funcionaban. Seguramente tampoco le funcionaban a su padre, pero eso sería otro tema que hubiera tenido que decidir él.

Los errores nos indican qué debemos desaprender, y acostumbran a ser creencias falsas sobre quién somos y cómo nos relacionamos. Son las creencias que ya no nos resultan funcionales. He puesto este ejemplo porque es muy común, pero existen muchos otros. Las personas tendemos a repetir lo que se encuentra dentro de nuestra zona de confort, porque cambiar nos sitúa en un vacío del que nuestra mente subconsciente nos protege continuamente. Nos protege porque cree que cambiar nos puede llevar a la muerte. Y en parte tiene razón. El subconsciente ha integrado muchos programas automáticos que realmente funcionan bien y nos protegen de peligros. El tema es que los peligros no siempre son reales. Por tanto, tenemos el poder de cambiar estos programas automáticos cuando solo sirvan para protegernos de peligros imaginarios.

El subconsciente existe porque tiene sentido automatizar determinados procesos, nos es útil. Nos ayuda a tener algunos automatismos controlados y preservar energía. Entonces, no se trata de rechazar nuestro subconsciente, sino de revisar nuestros patrones automáticos. Poder decidir si nos resultan útiles o no. En caso de que no lo sean, podemos entrenar nuestro subconsciente para que automatice otros. Como estamos continuamente evolucionando, te tienes que dar permiso para desaprender y aprender, y hacerlo con paciencia y compresión hacia todas tus partes. Nuestros pensamientos automáticos no son malos *per se*, sino que han quedado obsoletos.

Así, igual que equivocarse es de sabios, reconocer que tenemos que desaprender y nos hace falta actualizar nuestras creencias hacia otras nuevas, más expansivas, es un acto profundo y transformador de sabiduría. No podemos repetir lo mismo y esperar resultados diferentes. Si hacemos lo de siempre obtendremos lo que ya tenemos. Para obtener cosas diferentes tenemos que cambiar nosotros. Date permiso para cambiar y crear desde lo que crees y eres ahora, y acepta resultados diferentes que te ayuden a prosperar.

La práctica sistemática es muy importante. Cuando te acostumbres a hacer estos procesos adquirirás una práctica de auto-cuestionarte muy saludable. Es una práctica que vinculo mucho a la humildad. Y aquí no hablo de tener humildad, menospreciándonos y poniéndonos en situación de inferioridad respecto a una autoridad externa. Me refiero a ser humilde para darnos espacio para expresar nuestra parte más íntima, creativa y conectada con el todo. Dejar espacio para que las cosas puedan cambiar y las decisiones que hemos tomado se puedan materializar desde nuestra esencia más inspirada.

Además, la humildad también tiene la particularidad de acercarnos a personas con una actitud similar. En entornos de emprendimiento, facilita encontrar relaciones que sumen y crear equipos apoderados. Después añadiré algún aspecto más acerca de ser humilde que está relacionado con ayudarnos a conectar con las personas adecuadas para prosperar.

Una vez hayas entendido este nuevo concepto de error, haz que te resulte práctico. Es importante que mires tus equivocaciones o resultados no deseados de manera tranquila. No te juzgues ni entres en un estado de culpa, pero tampoco minimices o niegues lo que te ha pasado. Lo que es, es, solo hace falta aceptarlo. Y cuando lo hayas aceptado, puedes decidir qué hacer.

Además, no hace falta que te exijas saber y descubrir todas las causas y orígenes de las creencias que te han conducido al error o resultado que no te funciona. Es suficiente con que las identifiques y te permitas ser libre para escoger si las quieres cambiar o no. Cuando decides cambiar, los resultados llegan seguro, porque actúas desde una intención propia. Solo tienes que entender que los cambios requieren práctica y perseverancia. Después te hablaré un poco más sobre esto.

Un ejemplo que te puede ayudar a entender lo que te comento es el símil del ordenador.

Las creencias serían como los programas que has ido instalando y que están funcionando en automático. Una vez detectas que tu software está obsoleto, tienes que plantearte qué hacer. Normalmente, no cambias de ordenador, sino que actualizas sus programas. Pues haz lo mismo contigo. Identifica las creencias (programas) que se encuentran en versiones no actualizadas e instala la versión que actualmente sea más afín a lo que quieres crear en tu vida en este momento.

Te propongo unos mantras que me han funcionado para ir entrando en estos cambios e incorporar nuevas maneras de pensar relacionadas con lo que veo en mi vida, lo que considero «errores».

La auto-observación sin juzgarse es muy importante. Verás que poco a poco el error te irá indicando qué transformar, para llegar donde quieres. Como siempre, te animo a que vayas adquiriendo confianza y acabes escribiendo tus propios mantras. Siempre va bien empezar con algunos mantras que alguien te propone, aunque seguramente a largo plazo, como ser creativo y único que eres, acabarás encontrando los tuyos.

Interioriza la práctica de repetirlos al menos tres veces y siempre acepta lo que sientas. Tres veces es el mínimo, normalmente yo los voy repitiendo durante el día, en distintos momentos. Hazlo al menos durante 21 días. Se trata de decirlos o decírtelos y sentir muy plenamente su efecto transformador. Integra esta nueva forma de pensar y sentir y suelta todas tus creencias obsoletas relacionadas con el error.

Mantras que te ayudan a entender qué secreto esconden tus «errores» para entrar en un proceso transformador de creencias hacia la prosperidad:

MANTRAS

- Cada error que percibo me dice qué es obsoleto para mí y necesito desaprender.
- Siempre transformo los errores en ideas expansivas para avanzar con confianza.
- Cuando siento que me equivoco, agradezco lo que debo desaprender.
- Acepto los errores fácilmente y sigo viviendo con alegría.
- Desaprendo con facilidad todo lo que limita mi prosperidad.
- Cada vez es más sencillo sentir dónde tengo el bloqueo y me libro de él fácilmente.
- Me desprendo con facilidad de las creencias que me limitan.

Y continuando con el error, me gustaría apuntar otro tema importante relacionado con emprender y tener éxito. Ya te he dicho que puedes transformar el error en un proceso de desaprendizaje consciente, y, por tanto, lo puedes aceptar con naturalidad, ¿qué pasa con otro tema todavía más tabú, el fracaso?

Uno de los mayores pánicos que he encontrado en los emprendedores es el miedo, terror, diría, a fracasar. Y no solo en emprendedores. Este miedo al fracaso es un aspecto que, en mayor o menor medida, nos afecta a todos. En general, cuando nos lanzamos a concretar un proyecto o idea y la queremos materializar, siempre nos da miedo que no pase lo que queremos y no conseguir el resultado que tenemos previsto. Es muy natural sentir este miedo. Es legítimo que quieras conseguir tus objetivos.

Es posible que si te has resistido a mirar tus errores, y se han ido repitiendo, se hayan acumulado junto con sus consecuencias. Puede pasarte que, si has negado estos «errores» o te has resistido el tiempo suficiente al cambio que te proponen, tengas una situación donde la situación ha empeorado, y es lo que denominamos «fracaso».

Si esto que te cuento te suena, ya te puedo decir que te tranquilices, nos ha pasado a todas. A mí misma me ha pasado ponerme trampas y no afrontar pequeños errores, para acabar creándome yo solita un fracaso. Ahora ya me doy cuenta mucho antes de que el problema crezca demasiado, pero no siempre ha sido así. A veces confundimos «fluir» con mirar hacia otro lado y pensar que no prestando atención a una cosa que no nos gusta, el tiempo la hará desaparecer. A veces pensamos que las cosas se solucionarán solas, y en efecto, a veces es así. Fluir está bien, pero cuando llega después de haber prestado atención consciente a un tema para aceptarlo y tomar alguna decisión. La decisión puede ser no hacer nada, pero después de la aceptación y toma de conciencia.

Hay una frase sobre fracasar que me gusta mucho, y es que solo fracasa quien no lo intenta, quien no se permite vivir, quien no evoluciona y quien evita ser quien es y expresarse con plenitud. Solo te equivocas cuando no eres tú misma, cuando no miras de cara a tus creaciones con estima y las aceptas. Al final, eso que hay fuera de ti lo has creado tú, no es nada malo, solo es una experiencia más. Puedes crear otras nuevas, más afines a quien eres ahora. Por tanto, acepta lo que ves, ámalo, y responsabilízate totalmente de lo que tienes en tu vida. Así podrás, desde tu libertad más inspirada, tomar nuevas decisiones.

A veces no miramos nuestros fracasos porque tenemos miedo o vergüenza. Pero en ninguno de los dos casos evitaremos que se puedan producir. De hecho, cuando tenemos miedo a fracasar podemos incluso potenciarlo.

¿Qué puedes hacer, en general, cuando te encuentres en medio de una situación que etiquetas como fracaso? Primero de todo, dale distancia a tu «fracaso», intenta aceptar que no es tan importante, todo pasa, y esto que te ha ocurrido, este «fracaso», también pasará. En segundo lugar, procura separarlo en partes más pequeñas, divídelo en los pequeños errores que lo han precedido, háztelo más digerible. Estas pequeñas partes son «errores» que te serán más fáciles de afrontar. Y una vez hecho esto, acepta el compromiso contigo misma de mirar error por error, viendo qué tienes que desaprender y transformar. Y ponte en marcha para hacerlo, decidiendo y actuando en consecuencia. A veces nos falta solo un pequeño empujón y darnos margen para integrar los cambios que queremos hacer. Y mientras lo hacemos, aceptar que este proceso te está aportando más de lo que pensabas. En muchas ocasiones, las situaciones de fracaso son las que ayudan más profundamente a materializar los proyectos de emprender que empiezas. Te llevan a muchos aprendizajes valiosos que transformar tu capacidad de creer en tu poder.

Y para acabar voy a ser un poco radical. Para mí, el fracaso no existe. Para mí solo existe no conseguir a la primera lo que he proyectado. Así, cuando los resultados no te acompañen, tienes una oportunidad de oro para observar qué has obtenido y hacerte una pregunta.

Puedes preguntarte si lo que has conseguido te sirve, ¿es incluso mejor en algunos aspectos a aquello que habías proyectado? Si la respuesta es sí, desengánchate de tu idea previa de lo que querías y acepta este regalo que tienes, ¡eres afortunada! A veces nuestra versión más auténtica crea una cosa mejor de lo que habíamos planeado. Si la respuesta es no, puedes revisar si dejas los objetivos iniciales o los modificas parcialmente. Si todavía quieres seguir con los mismos objetivos, persevera, encontrando nuevas maneras de creer en ti y de apoderarte. Si realmente alguna parte la quieres modificar, ahora tienes ocasión de hacerlo, este es el momento de redefinirte.

Y también es importante que entiendas que a veces, aunque consigas lo que habías proyectado, puede suceder que cuando llega te resulte obsoleto y no te llene. Y esto es porque en realidad lo que más nos llena siempre está permanentemente con nosotros, en nuestro interior. Lo que te llena es sentir la abundancia dentro, lo que creas fuera solo te satisface cuando es la expresión de esta abundancia interna. Esta sensación de realización interior viene de nuestro ser más íntimo. Viene de sentir todas nuestras cualidades en el interior para crear y acabar proyectándolas hacia fuera. Entonces, no hay nada fuera de nosotros que pueda hacernos sentir lo que no nos permitimos antes sentir profundamente dentro de nosotros. En los casos en que conseguimos algo que habíamos proyectado, si lo habíamos proyectado perdiendo de vista quiénes somos en todo momento, podemos sentirlo vacío de vida cuando lo conseguimos. Esto, a veces, es muy frustrante, porque te sientes vacío a pesar de haber conseguido lo que querías.

Y, finalmente, un aprendizaje clave que hacemos tarde o temprano es que todo lo externo es efímero. Es importante que te plantees objetivos que sumen de acuerdo con quién eres, para conseguir encontrar un sentido en el propio camino y proceso, en el mientras tanto. Encontrar sentido mientras estamos haciendo cosas en nuestro día a día es muy importante. Cada día podemos ver los pequeños logros que nos permiten celebrar, agradecer y, por qué no, rehacer parte de los objetivos iniciales. Y en este proceso de rehacer, a veces los «errores» y «fracasos» son los instrumentos que nos damos para permitirnos pararnos y reflexionar.

Lo mismo que he expuesto antes para el error, te lo propongo para el fracaso. Te propongo unos mantras para que puedas interiorizar cambios en tu manera de vivir este fracaso, para proyectar y materializar la prosperidad que quieres. Los mantras que sugiero son ejemplos que funcionan, pero como siempre puedes crear tus propios mantras. Repítelos al menos tres veces durante el día, sin límite. Y proponte hacerlo durante 21 días para producir cambios conscientes en tu manera de percibir, vivir y transformar tus creencias que no te sirvan por otras más funcionales.

Mantras para liberarte de las creencias limitadoras que tienes sobre el fracaso, para transformar todo lo que vives en un instrumento para tu prosperidad:

MANTRAS

- Cada situación que me obliga a detenerme me acerca más a mis objetivos.
- El fracaso siempre me indica nuevas rutas mejores para mí.
- Doy las gracias por esta situación que me ayuda a valorar más quién soy.
- Cuando siento que fracaso, miro hacia atrás y agradezco lo que he conseguido hasta ahora.
- Lo que me pasa me ayuda a evolucionar y ser más auténtica.
- Todo lo que existe en mi vida contiene un aprendizaje valioso para mí.
- Acepto lo que me pasa y esto me ayuda a decidir más fácilmente lo que me conviene.

SECRETO III

Desvelando el tercer secreto. Deshazte de las falsas necesidades y simplifica tu vida

De manera general, es importante entender que necesitar cosas es una trampa. En realidad, cuando nos centramos en la necesidad, solemos seguir necesitando. Ya te he comentado cómo funcionan nuestras creencias, y que siempre nos dan la razón. Por lo tanto, lo primero que puedes hacer es renunciar a necesitar cosas, de manera general, porque será la forma en que te permitirás conseguirlas. Cuando dejes de enfocarte en necesitar cosas, tu parte buscadora se relajará para dejar paso a tu parte que siempre encuentra todo lo que necesita.

Esto no implica dejar de tener objetivos, todo lo contrario. Puedes tener objetivos y tener presente que con determinados recursos disponibles te sería más fácil. Pero desde la certeza de que la mayoría de las cosas que necesitas, ya las tienes o las puedes conseguir. De esta forma te centrarás en la única cosa realmente importante: creer en ti. Y digo creer en ti, que incluye saber plantearte tus objetivos y tomar decisiones en función de tus prioridades, empezando por simplificar tu vida, quitándote de encima lo que ya no te es funcional.

Una primera falsa necesidad es general. En este sentido seré muy radical. Cuando creas proyectos no necesitas demasiadas cosas. Es cierto que cuando emprendemos y proyectamos estamos acostumbrados a poner muchas condiciones. Creemos que necesitamos tiempo, dinero y a determinadas personas. También nos imponemos muchas circunstancias favorables. Pero en realidad no son necesarias en este momento. Tal vez nos irán haciendo falta en el proceso, pero ni todas, ni todas a la vez. De hecho, esta es la primera falsa necesidad que quería comentarte. Sentir que necesitas tener muchas cosas antes de empezar.

Los emprendedores de éxito que conozco, no tenían en sus inicios, de manera personal y tampoco tenían a su alcance todos los recursos externos que muchas veces pensamos que son necesarios. Una cosa sí que tenían y es la certeza de haber planteado un buen proyecto. Y una vez aceptado esto, la intención firme de empezar a transitar hacia hacerlo realidad y materializarlo. Entraron en un proceso de certeza hacia la transformación de su visión en realidad. Con esta visión interna, fueron tomando decisiones tanto para acercarse a los objetivos como para minimizar los obstáculos y transformarlos en cosas para aprender y desaprender.

Para sacar adelante un proyecto, tienes que enfocarte en sentir que ya lo tienes todo. Desde la perspectiva de que lo tienes todo puedes permitirte encontrarlo. Desde esta perspectiva irás poniéndote en la situación de encontrar todo lo que necesitas, porque te centrarás en el momento presente e irás tomando decisiones desde la certeza que tus objetivos ya están claros, interiorizados y visualizados en tu interior. Solo te hará falta desplegar tu propio plan.

Por tanto, sé una persona que define bien su prosperidad, que tiene un plan y que sabe organizar sus objetivos. Conviértete en una persona que encuentra todo aquello que necesita, momento a momento, para acercarse a lo que ha proyectado. Y sé consciente que necesitar pocas cosas te da grados de libertad a la hora de poder conseguir la prosperidad. Muchas veces te puede ir bien recordar que no es más próspero quien más tiene, sino quien menos necesita. Conseguir cosas está bien, de hecho intento explicarte aquí cómo conseguir objetivos relevantes para ti, y un indicador de nuestra prosperidad se encuentra en el plano material. Pero es bueno que te liberes de la presión de «necesitar». Además, tus objetivos tienen que estar relacionados con conseguir lo que te ayude a prosperar de manera holística, y que el hecho de conseguirlos represente una mejora en todas tus facetas, sin renunciar a ningún aspecto de quién eres y de qué te define.

Encuentra tu propio equilibrio interno, pon cada cosa en el sitio que le corresponde, y siempre entiende que tu proceso creativo va de dentro hacia fuera, no de fuera hacia dentro. Por tanto, desde la aceptación de lo que eres ahora y la ausencia de necesidad, puedes crear lo que te propongas. En los siguientes apartados te hablaré de crear desde la abundancia y de cómo tomar buenas decisiones, la primera de todas la de escoger y priorizar tus objetivos. Pero ahora te quiero contar cómo deshacerte de más falsas necesidades. Falsas necesidades más sutiles que seguro has experimentado alguna vez y te alejan de tu prosperidad al hacerte consumir tiempo en cosas que ya no te resultan útiles.

La segunda falsa necesidad que tenemos es requerir validación externa o reconocimiento externo que nos confirme el éxito o la prosperidad. Es importante que entiendas que no necesitas que la sociedad te reconozca como una persona de éxito para poder serlo. No necesitas el reconocimiento externo de tu éxito. Tus definiciones de prosperidad y éxito son únicas y personales y, por tanto, solo tú puedes validarlas. Tú sabes si te sientes afortunada. Solo tú puedes sentir si tienes el éxito que querías. Demasiadas veces damos mucha importancia a las creencias y las imposiciones sociales relacionadas con el éxito. Tenemos ejemplos de personas con fortuna y al final confundimos ser afortunada con tener unas determinadas cosas que la sociedad determina como necesarias para ser una persona de éxito. Libérate de la necesidad de reconocimiento social.

En relación con esto, muchas veces este reconocimiento que necesitamos no es social, pero sí de determinadas personas. Necesitamos que terceras personas nos den su aprobación, validación o reconocimiento. Te tengo que decir que este es un tema muy importante. Las demás personas también tienen un rol en tu vida, tienen vínculos contigo, y te hablaré de ello más adelante. En algún momento tienes que distinguir entre las personas relevantes para ti del resto. Forma parte de proyectar y prosperar, escoger bien a los compañeros de vida.

La tercera falsa necesidad es centrarse demasiado en objetivos externos materiales. Cuando necesitas demasiadas cosas, acabas demasiado embarcado en conseguirlas y muy poco enfocado en lo realmente importante, como hacer valer lo que ya has conseguido. Valorar los pasos que ya llevas dados y disfrutar del proceso que vas haciendo es lo que enriquece y llena. Hay que parar y dedicarse tiempo a hacer estas valoraciones de lo que ya has conseguido.

La cuarta falsa necesidad es vincular el éxito y la fortuna solo a conseguir y no a desprenderse. A veces tener éxito es saber desprenderse de cosas superfluas o de aquellas que ya no nos sirven. Prosperar incluye fluir cada día más y tener menos resistencias al cambio y desprenderse de cosas que no son funcionales. El éxito también incluye hacer limpieza, vaciarnos de pensamientos tóxicos, desbloquear cosas, en definitiva, simplificar nuestra vida. Dedicar tiempo a simplificar nuestra vida y dejar atrás lo que nos resulta superfluo es muy gratificante. Para poner un ejemplo, miremos el espacio donde vivimos. Resulta muy gratificante tenerlo limpio, recogido y minimalista. Los objetos importantes lucen más y siempre encontramos aquello que necesitamos en cada momento, porque todo está al alcance. No falta nada ni sobra nada.

Y, por último, una falsa necesidad aún más sutil. Tu éxito no puede implicar «necesitar» que renuncies a cosas que sean importantes para ti. Por ejemplo, en mi caso, si para conseguir el éxito tengo que renunciar a tener tiempo para la familia o tengo que renunciar a tener tiempo en general, con demasiadas prisas e incrementando el estrés, no me merece la pena. Si siento que necesito renunciar a toda una serie de cosas para conseguir el éxito, esta visión del éxito me limita y me aleja de mi visión particular de la fortuna y la prosperidad. Renunciar a cosas importantes para ti limita tu éxito y te aleja de expresar tu mejor versión. Esto se resuelve priorizando bien y, cuando notes exigencias relacionadas con renunciar, estés a punto para activar tus líneas rojas.

Por lo tanto, para concluir un poco lo que te he ido exponiendo, lo más importante es que crees tu propia versión de la fortuna. Es la que te servirá para ir valorando si se está cumpliendo. Cuando lo tengas claro, como marco de referencia, podrás elaborar planes concretos para tus proyectos. Asegúrate de que estos planes sean completos y coherentes con la visión de la prosperidad y fortuna que has escogido. Un buen plan tiene que incluir objetivos amplios, personales, profesionales, internos, externos, tangibles e intangibles.

Prioriza tus objetivos siendo coherente con tu visión de la prosperidad y céntrate en sentir que no necesitas nada concreto, y que encuentras fácilmente aquello que necesitas en cada momento. Delimita cuáles son las líneas rojas que nunca querrás traspasar. Cuando tengas claro esto, deshazte de falsas necesidades, no aceptes renuncias importantes y simplifica tu vida de manera que puedas desprenderte de lo que es superfluo. De cómo definir tu prosperidad y de cómo se articula un buen plan y el proceso de tomar buenas decisiones para cumplirlo te hablaré después, aquí solo enumero brevemente los aspectos más básicos a tener en cuenta.

Una vez has llegado hasta aquí, te puedes preguntar cuál es la función de lo que nos va pasando y que nos vamos encontrando en nuestra vida. Si al final mi éxito solo lo valido yo, ¿qué función tiene lo externo? Pues los resultados que se van produciendo son un indicador que te muestra si estás en el camino que habías proyectado y si las decisiones que tomas te acercan o te alejan de lo que es próspero para ti. No necesitas validación externa, pero todo lo externo sí que tiene una función, ayudarte en tu propia validación interna. Si aprendes a observar lo que te pasa cada día, momento a momento, y ajustar tus decisiones, conseguirás que el éxito sea una sensación interna de realización personal, que te conduzca a expresar tu prosperidad de manera completa, también físicamente. Conseguirás materializar lo que es bueno para ti en cada situación. Y serás imparable en tu camino hacia la fortuna plena.

Sigo proponiéndote unos mantras sencillos y directos para que puedas practicar esta liberación de creencias. Ya te he comentado antes que los mantras que te propongo son ejemplos que funcionan, pero como siempre, puedes hacer tus propios mantras. Repítelos al menos tres veces durante el día, sin límite. Y proponte hacerlo durante 21 días para producir cambios conscientes en tu manera de percibir, vivir y transformar tus creencias que no te sirvan por otras más funcionales.

A continuación, te propongo unos mantras para deshacerte de las falsas necesidades y permitirte entrar en un proceso de simplificación liberador para tener éxito y prosperidad:

MANTRAS

- Tengo prosperidad siendo yo misma sin renuncias.
- Fácilmente, me deshago de las necesidades superfluas.
- Simplifico y me libero de lo que no me ayuda a ser auténtica.
- Me desprendo fácilmente de las necesidades de aprobación externa.
- Tener éxito es ser coherente con una misma.
- Siento siempre la alegría de vivir mientras consigo mis objetivos.
- Tengo siempre todo lo que necesito.

SECRETO IV

Desvelando el cuarto secreto. Deshazte de las creencias que vinculan el éxito y la prosperidad con el esfuerzo, las dificultades y el sacrificio

Vivimos en un mundo donde el sacrificio, el esfuerzo y las dificultades están vistos como cosas positivas. Seguramente tienen algunos aspectos positivos, no lo niego, pero no de manera general. De hecho, por lo general, estos tres aspectos suelen crear ansiedad, estrés y agotamiento en las personas que emprenden y proyectan.

Cuando emprendemos proyectos, todas estas creencias relacionadas con el esfuerzo, las dificultades y los sacrificios suelen alejarnos de nuestra prosperidad. Y es así porque nos alejamos de la alegría de ser y de vivir, de crear desde quienes somos realmente. Y todo lo que nos desvía de la alegría de vivir, nos aleja de crear valor para nosotros y los demás, apartándonos irremediablemente de nuestro éxito y prosperidad. Cuando creas, siempre tienes que escoger esos proyectos que puedas construir desde la alegría de vivir, y así tendrás más posibilidades de tener impacto positivo, creando valor para ti y los demás.

Considero que es muy relevante examinar cómo nos afectan estas creencias que te comento, cómo nos alejan del éxito, y cómo podemos deshacernos de ellas para crear un camino más adecuado para nuestra prosperidad.

Correlacionar las dificultades, esfuerzos y sacrificios con el valor que tienen las cosas es el fruto de cómo hemos sido educados. Estamos inmersos en la cultura del esfuerzo. Y desde esta cultura creemos que cuanto más nos esforcemos, más merecemos. Y normalmente tenemos asociado esforzarnos con sufrir, con hacer cosas que nos cuestan y no nos gustan, sacrificarnos y pasar por dificultades. Pensamos que si alguien se esfuerza, merece más resultados y esto nos lo aplicamos continuamente. Un lema que resume muy bien esto que expongo, es el de «*no pain, no gain*», que traducido sería «sin esfuerzo no hay recompensa». Vivir bajo este paradigma nos lleva a generar valor y aprender a través de sufrimientos muchas veces extremos e innecesarios. Cuando pensamos así, nos exigimos afrontar dificultades, algunas veces artificiales, bajo grandes esfuerzos y sacrificios, para permitirnos prosperar.

Pero nada de esto es verdad, ni una ley universal. Podríamos dar valor a las cosas bajo otros paradigmas, como asociar que lo que tiene más valor para nosotros y los demás es lo que se ha hecho desde la alegría de vivir. Visto así, el valor que tiene una determinada cosa para nosotros y los demás estaría directamente relacionado con la cantidad de alegría que se expresa y se comparte haciendo esa cosa. Sé que leer esto puede resultarte muy alejado de cómo has vivido hasta ahora, puede ser que incluso te enfades. Yo solo te digo que no pierdes nada por darte la oportunidad de que pueda ser válido.

Hazte esta sencilla pregunta. ¿Qué prefieres, estar con alguien que hace las cosas desde la alegría de ser y cuando hace falta, persevera, o bien estar con alguien que hace las cosas desde el esfuerzo y lamentándose por todo tipo de situaciones desafortunadas? La respuesta es clara, seguro que te gusta más quien crea valor desde la alegría contagiosa. Pero debes ser consciente de que aunque respondas así y lo hagas de manera contundente, esta respuesta puede estar en contradicción con las creencias que te conducen continuamente a exigirte esfuerzo, sacrificio y dificultades.

Te quiero exponer cada uno de estos aspectos, para que así puedas ver cómo pueden estar obstaculizando tu prosperidad.

Respecto a esforzarte, ya te digo que esforzarse mucho no es garantía de nada. Lo que te hace falta es esforzarte «bien». Y hacerlo significa sentir tu poder, poniendo tu energía de manera enfocada, centrándote y priorizando tus objetivos de acuerdo con un criterio coherente para ti. Esta atención puesta en una cosa cada vez, la que toca ahora, te llevará a decidir en cada situación lo mejor para acercarte a los objetivos que tienes y minimizar los obstáculos para llegar a ellos. Hablaré después del proceso de decidir, y profundizaré en algunos aspectos para entender cómo funciona, y verás que el esfuerzo no es lo más importante.

Visto así, puedes cambiar el esfuerzo, de forzarte a ti, y sustituirlo por sentir tu poder. Y desde el punto de vista de los demás, tus colaboradores, tu equipo o de tu familia, tienes que pasar de forzarlos, a apoderarlos y que sientan su propio poder. Cuando reconoces tu poder, reconoces el poder en los demás. Dejar de forzar.

Ejemplos sobre lo que te comento de que el esfuerzo no es central, los puedes observar a tu alrededor, en situaciones diarias. Lo puedes observar en un niño o una niña, por ejemplo, cuando pinta o dibuja. Lo ves centrado, inmerso en su energía creativa que no exuda ni esfuerzo ni sacrificio. Y siguiendo con este caso, cuando observas lo que ha dibujado, te aporta alegría, porque se te contagia su alegría de ser y expresarse. Y a veces este niño o niña puede encontrarse con que algo se le resiste y le resulta más difícil. Pero que sea fácil o difícil no es relevante, es un elemento más del proceso de aprender, donde el esfuerzo no interviene. Y en ningún caso esta situación le quita alegría, pues la alegría se encuentra genuinamente anclada en quien es y en poder expresarse libremente. Otra cosa es que alguien con determinadas creencias le empiece a decir que se tiene que esforzar para dibujar bien.

En nuestro entorno, muchos procesos de la vida se despliegan sin esfuerzo. La naturaleza y sus procesos se expresan con fluidez. No ves flores esforzándose en florecer, ni animales esforzándose para beber cuando tienen sed. Se acercan a un río o a un chorro de agua y beben. No ves al agua del río esforzándose en llegar al mar, tampoco. La humanidad está acostumbrada a crear esforzándose mucho. A forzar las cosas, pues cree que así es como conseguirá los resultados que quiere. Y los resultados también llegan con esfuerzo, porque nadie dice que lo que se hace con esfuerzo no acabe generando resultados. Al final, el poder que tenemos las personas es muy grande. Por lo tanto, ya te digo que esforzándote también conseguirás cosas, seguro. Otra cosa es que te haga falta conseguir los resultados solo de esta forma para prosperar, es decir, que necesites el esfuerzo para validar que te mereces prosperar. Y aquí radica la limitación, creer que si las cosas te resultan más sencillas, directas o fluidas no merecen los resultados que se obtienen de hacerlas. Te las mereces porque eres quien las crea, y porque en nuestra naturaleza está el tener todo lo que nos hace falta para seguir creando. El objetivo de la vida es la expresión creativa de todos los que formamos parte de ella.

De hecho, creo que no hace falta esforzarse tanto; puede ser incluso contraproducente. Cuando creas con fluidez, también puedes tener resultados y cuando los veas seguramente te producirán más alegría que si los hubieras obtenido esforzándote mucho. A veces si nos esforzamos mucho, cuando llega el resultado estamos tan agotados y fragmentados que nos preguntamos si valía la pena. Nuestra respuesta seguramente es que no, que no vale la pena ese resultado que al final te ha alejado del proceso creativo y amoroso de ser tú misma mientras llegas a él.

Cuando empieces un proyecto observa el esfuerzo que implica. Si notas que te esfuerzas demasiado, te puede estar indicando que necesitas revisar cómo estás haciendo las cosas, para probar caminos que tengan más fluidez.

Y finalmente, quiero hacer un apunte importante. No te estoy diciendo que necesites ir directamente en contra de lo que te cuesta esfuerzo. El otro extremo de encontrar caminos que impliquen el mínimo esfuerzo tampoco es la solución, ni lo que creo que funciona. La ley del mínimo esfuerzo tampoco es la solución. Hablo de encontrar un equilibrio entre esforzarse demasiado y hacerlo demasiado poco. En ocasiones hay que perseverar y tener paciencia para conseguir tus objetivos. Ahora bien, forzar las cosas no es un requisito necesario para crear valor. Sí que lo es poner ciertos esfuerzos, y energía, como una cualidad que suma para el proyecto, pero no es la única ni la más esencial. De hecho, la característica principal de la prosperidad es crear desde la alegría de quien somos, porque es así como aportamos nuestras cualidades únicas y diferenciales, y estas sí que son imprescindibles para crear valor. Por tanto, si crees que te tienes que esforzar demasiado, esto resta valor a lo que haces, al perder tu energía de ser, que es tu estado natural.

Respecto a sacrificarte, ya te digo que tampoco es necesario. Te he comentado anteriormente que no necesitas renunciar a nada importante para ti, y sacrificarte iría en esta dirección. Cuando nos sacrificamos estamos dividiéndonos entre lo que somos y lo que queremos ser, y esto no suele llevarnos a nada bueno. Tener objetivos no tiene que ser a cambio de dividirte y renunciar a cosas importantes para ti. Tener objetivos es una elección ordenada y priorizada que vas ejecutando sin renuncias. Todo lo que he comentado del esfuerzo te sirve aquí para entender el sacrificio. En el caso del sacrificio, el vínculo con el sufrimiento que te he comentado antes aún es mayor, porque cuando sacrificamos cosas importantes, inevitablemente sufrimos. Y, de nuevo, quiero hacerte un apunte. Quiero distinguir entre lo que considero sacrificio de otra cosa distinta, que es escoger o decidir entre dos opciones. Decidir implica entender que siempre estás escogiendo entre opciones, y esto no lo puedes evitar. Así pues, en el proceso de tomar la decisión, ya debes tener incorporadas aquellas cosas que te resultan irrenunciables. Ahora bien, una vez eliges una opción, estás renunciando a la que no has escogido y eso es totalmente necesario. El acto de decidir, libre, maduro y responsable, implica asumir que cuando decides y escoges, estás aceptando de manera completa y total uno de los dos caminos, renunciando al otro. Yo te hablo del sacrificio como el hecho de saltarte líneas rojas y no saber decir «no». Y te sacrificas porque traicionas a tu propio criterio de decisión, pues crees que si no renuncias no prosperarás. Y eso no es cierto, sino solo una creencia que te conduce a hacer cada vez más sacrificios.

Finalmente, te quiero hablar de las dificultades. Las dificultades cuando proyectamos y estamos caminando hacia nuestro éxito son inevitables. Y por dificultades me refiero a que las cosas no salen siempre como habíamos planificado. Aparecen imprevistos e incertidumbres, y hay que ir rehaciendo nuestros plantes para afrontarlos. La vida consiste también en esto, en aceptar las cosas como vienen. Hay cosas que nos pasan que no pueden gustarnos de ninguna manera, y solo las podemos aceptar. Pero hay que distinguir entre las cosas que nos pasan y las que hacemos que nos pasen. Estas últimas las creamos nosotros de forma innecesaria, por el hecho de decidir basándonos en unos patrones mentales que nos limitan. Por tanto, las dificultades que aparecen no son el problema del que te estoy hablando. Yo te hablo de las que puedes evitar porque te las creas artificialmente.

Te pondré una dificultad creada por nosotros y común, que es creer que cambiar cuesta mucho. Cuando creemos eso, las cosas se resisten, y cualquier aprendizaje se convierte en un suplicio auto-infringido.

Pensar que cambiar es difícil vuelve a ser una creencia tuya, no una verdad absoluta. Si fuera verdad que cambiar es difícil, nadie cambiaría, y tenemos muchos ejemplos de personas que han producido cambios radicales en su vida. Personas que han tomado responsabilidad y han decidido usar su poder interior para su bien. Y como han decidido que lo mejor es cambiar, lo han hecho. Si lo mejor para ti es cambiar, hazlo, y antes de nada, deshazte de las ideas sobre el mismo hecho de cambiar. No tengo claro si cambiar es fácil o difícil, supongo que depende de qué quieras cambiar, pero te puedo asegurar que pensar que es difícil no te ayuda en ningún caso.

Si te aparece una situación que requiere cambiar y aprender, predisponerte a hacerlo hará que todo fluya y, por tanto, el cambio y lo que tienes que aprender acabarán siendo fáciles, a pesar de ser fruto de una dificultad sobrevenida. En cambio, te creará una dificultad artificial si te resistes a aceptar lo que te pasa, sin ponerte en disposición de aprender lo que te hace falta para avanzar y, si es preciso, cambiar. Esto también es así cuando la dificultad es fruto de nuestra manera de pensar anterior. Aceptar que ha aparecido por nuestros patrones mentales anteriores y fluir para cambiarlos acabará disolviendo la dificultad. Mientras que si nos negamos a aceptar que nosotros la hemos creado y no hacemos nada para cambiarla, tendremos dos problemas, o más, pues en el futuro seguiremos experimentando nuevas dificultades.

Así, cuando te cueste cambiar, adaptarte, aceptar lo que te pasa, estarás resistiéndote. Y esta resistencia te creará una dificultad artificial sumada a lo que te ha pasado, que sería la dificultad real previa.

Por tanto, deshaz las dificultades, renuncia a que sea difícil. Hazlo fácil, predisponte en la dirección más adecuada y fluye más. Verás que la resistencia desaparecerá y la dificultad, también. A veces nos resistimos a que las cosas sean fáciles, porque hemos otorgado valor a lo difícil. Debido a que creemos que las cosas importantes cuestan, cuando una cosa es fácil, le damos poco valor, contrariamente a lo que tendríamos que hacer, como ya te he dicho antes.

Entonces, como queremos generar valor y prosperar, nos empeñamos en hacerlo todo difícil, porque si fuera tan fácil no nos permitiríamos prosperar. Sé consciente de que lo fácil no tiene menos valor que lo difícil, todo son creencias en torno al esfuerzo y las dificultades, como ya te he estado diciendo.

¡De hecho es todo lo contrario! Lo que realmente tiene valor es hacer fácil lo difícil. Hazte esta pregunta. A qué das valor, ¿a alguien que te facilita las cosas, te encuentra soluciones a los problemas o alguien que para cada solución que aportas encuentra un nuevo problema?

Acepta que hay aprendizajes que nos son más fáciles y otros que no tanto. Pero estos aprendizajes que nos cuestan no tienen más valor, sino que te indican creencias más profundas y arraigadas que es necesario revisar y seguramente trabajarlas más. El valor está vinculado con la alegría de vivir, experimentar y ser, incorporando todos los aprendizajes que obtenemos en el proceso.

Y, finalmente, en relación con las dificultades que te he comentado antes, deberíamos distinguir entre la alegría y ser feliz. Las dificultades de la vida en muchos casos no te pueden hacer feliz de ninguna manera. Hay situaciones duras que precisamente te crearán infelicidad y es normal que sea así. Cuando hablo de alegría hablo de una manera de estar en este mundo, conectada con tu esencia. Puedes aprender y evolucionar desde la alegría, aceptando lo que te pase, y algunas veces sintiendo infelicidad, pero sin crearte dificultades innecesarias que en ningún caso son fruto de nada real.

Como siempre, tenemos memorias y creencias impuestas y aceptadas por nosotros sobre estos temas, por eso se van repitiendo y siguen actuando en nuestra vida. Cuando notes que te esfuerzas demasiado y empiezas a hacer muchos sacrificios, te recomiendo que pares, mires como te sientes y que seas consciente de que puedes cambiar los pensamientos que tienes sobre el esfuerzo y el sacrificio. Cámbialos por otros mucho más prácticos y alineados con la abundancia, el éxito y la expresión más genuina de tu creatividad. El poder de pensar conscientemente dentro de tu mente es tuyo, de nadie más.

Si te encuentras en la situación de pensar que las cosas son difíciles, cuestan, necesitan mucho esfuerzo y grandes sacrificios, es el primer paso. Ahora ya tienes detectadas estas creencias y estás en situación de decidir qué quieres hacer con ellas. Y si quieres cambiarlas, hazlo, el mejor momento para empezar a cambiar es ahora. Piensa que el esfuerzo y las dificultades son subjetivas, por tanto, no todo el mundo tiene las mismas ni las percibe igual.

Lo más importante es que escojas lo que será verdad para ti a partir de ahora, qué manera de ver el mundo quieres tener. Escoge la alegría tanto como puedas. Las dificultades reales siempre estarán ahí, pero con alegría se ven de otra forma. Además, la alegría de ser es contagiosa porque nos acerca a nuestra naturaleza. Cuando estamos en contacto con alguien que la expresa, nos ayuda a notar la que nosotros tenemos dentro y nos recuerda quién somos.

Cuando estás creando y no pasa inmediatamente lo que quieres, mira cómo te hablas a ti misma. ¿Piensas que no te has esforzado lo suficiente y no te lo mereces? ¿Crees que no has tenido grandes dificultades y que sin dificultades no hay premio? ¿Piensas que no te has sacrificado lo suficiente? Si es esto lo que piensas cuando no obtienes resultados, lo más probable es que no los obtengas hasta que no te esfuerces, te sacrifiques, o superes grandes obstáculos. Entonces, esto es lo que harás. Pero lo que puede acabar pasando es que te canses y abandones, y no acabes obteniendo nada, o que cuando lo obtengas estés en un estado de agotamiento que te lleve a preguntarte si al final valía la pena.

De este modo, te animo a que cuando no pase lo que quieres, en vez de situarte en que ha faltado esfuerzo, dificultades y sacrificios, te sitúes en aprender, enfocarte y revisar tus creencias. Cuando lo hayas hecho, puedes empezar a cambiarla conscientemente por otras más expansivas, que te produzcan alegría de vivir y crear. Cuanto más te acerques a quién eres y a tu valor, más alineado estarás con lo que te gusta expresar, y lo harás de forma cada vez más fluida.

Precisamente observarlo fuera es una oportunidad para darte cuenta de que a pesar de que conscientemente dices que quieres una cosa, tus creencias quieren otra. Entonces, como no pasa lo que quieres, piensas que tienes que esforzarte más, cuando en realidad lo que debes es enfocarte en modificar cómo piensas. Cuando eres consciente de que tus creencias no te sirven, las puedes cambiar conscientemente por otras.

Las resistencias a cambiar aspectos relacionados con esfuerzo, las dificultades y los sacrificios son grandes. Hemos pasado mucho tiempo creando desde esta perspectiva. Y no te hace falta cambiarlas todas inmediatamente. Es importante que te des espacio para ir a tu ritmo y que tengas respeto contigo y tu proceso. Al final, que te impongas cambiar rápido vuelve a ser la misma creencia del esfuerzo apareciendo con otro disfraz.

Te propongo entonces unos mantras para que puedas rehacer tus ideas sobre el esfuerzo, las dificultades y los sacrificios. Los mantras son verdades amplias que te ayudan a cambiar de paradigma y te proponen alternativas más cercanas a lo verdadero, a quien eres realmente. Como siempre, repítelos tres veces y hazlo durante un cierto tiempo; yo te propongo al menos 21 días.

Mantras para deshacerte de creencias limitantes sobre el esfuerzo, las dificultades y los sacrificios:

MANTRAS

- Vivo con fluidez y de manera natural incorporo nuevas formas de pensar, decidir y hacer.
- Ser afortunada es querer lo que haces y hacer lo que quieres desde la alegría de ser.
- Consigo los resultados que quiero de manera fluida, sintiendo alegría durante el proceso.
- Todo me resulta fácil y siempre priorizo de manera correcta para conseguir mis objetivos.
- La abundancia es natural en mi vida y la manifiesto cada día.
- Vivo con alegría y ligereza todos los procesos de creación, liberación y cambio.
- Siempre renuncio a lo que ya no me sirve con poder y afirmando quién soy.
- Soy una persona inspirada que creo con alegría todo lo que proyecto.

SECRETO V

Desvelando el quinto secreto. Las diferencias entre crear desde la escasez y crear desde la abundancia. La fortuna y la prosperidad se crean desde la abundancia

Uno de los aspectos más importantes cuando empezamos a crear proyectos es entender y escoger bien desde donde estamos creando, es decir, cuál es nuestro marco o paradigma de creación. Te tengo que decir que las creencias que predominan se basan en un paradigma de escasez, que implica que no hay suficiente para todos. De esto ya te he hablado al principio, cuando he revisado las creencias generales que nos limitan a crear y proyectar. Una de ellas, si lo recuerdas, hacía referencia al paradigma de la escasez y de que el hecho de que yo tenga cosas quiere decir que otro no las tiene.

En general existen dos paradigmas para crear y proyectar. El de crear desde la abundancia y el de crear desde la escasez. Crear desde la abundancia es hacerlo desde el amor hacia todo y, por tanto, desde creer que siempre tenemos todo lo que necesitamos. Crear desde la escasez es hacerlo desde el miedo y, por tanto, desde la idea de que siempre nos faltan cosas y que cuando las tenemos las podemos perder fácilmente.

Al final, los dos paradigmas tienen detrás las dos fuerzas que empujan a crear todo lo que observamos, que son el miedo y el amor. Si nos fijamos detrás de las cosas que nos limitan, siempre hay miedo y detrás de las cosas que nos ayudan a prosperar, siempre está el amor. Cuando hablábamos antes del esfuerzo y las dificultades artificiales, detrás está el miedo. Y, cuando hablábamos antes de la alegría de vivir aceptando lo que nos pasa, hay amor a la vida, a quién somos.

Es importante entender cómo funcionan los dos paradigmas de la creación para observar cuál está funcionando para ti ahora y cómo puedes ir acercándote al que es más funcional y crea más valor y prosperidad, que es el del amor.

En primer lugar, quiero comentarte que muchas veces nos alejamos de crear desde el amor porque tenemos miedo al propio amor. Creemos, o bien que no lo merecemos o que no es real, que son cuentos de hadas. El amor es muy real, otra cosa es que seamos conscientes de su existencia en todo momento. De hecho, en un plano más profundo, tener la opción de actuar con miedo también es fruto del amor incondicional y de la libertad de crear todo lo que queremos. De eso te hablaré más adelante.

Por tanto, desde el punto de vista de emprender, el miedo más contradictorio es al propio éxito y a prosperar. Digo que es contradictorio porque la mayoría de personas te dirán que no lo tienen, que ellas quieren conseguir el éxito y se les resiste. Ahora bien, veremos que muchas veces, rascando un poco, todos tenemos este miedo en menor o mayor medida. Ya te he comentado antes que este miedo puede venir de creencias sobre el dinero, por ejemple, que el hecho de tener dinero te vuelve avaricioso, pero puede tener otros orígenes. Te puede ser útil observar qué te hace sentir el éxito cuando lo evocas. Puede ser que te dé pánico, o que te haga sentir culpable, porque crees que no lo mereces.

Atender esta parte nuestra que tiene miedo a triunfar nos advierte de nuestras dudas legítimas sobre el triunfo. ¿Seré capaz de convivir con el triunfo conseguido? ¿Notaré un vacío? Muchas veces no tenemos claro ni interiorizado qué significa para nosotros convivir con tener lo que hemos pedido. Así pues, es importante que cuando proyectes sientas el triunfo dentro antes de conseguir materializarlo y comprendas que podrás convivir con él. Deshazte de las creencias que te empujan a tener miedo al triunfo. Recuerda el ejercicio del primer capítulo, el de quitarte de encima las creencias limitadoras y los miedos. Ahora puedes practicar con este miedo.

Integra el triunfo en tu esencia para después permitirte materializarlo y convivir con él. Date cuenta de que un triunfo que consideramos inaccesible es un objetivo que nos tranquiliza. Nos hace estar en la zona de confort del «que busca» y no del «que encuentra». Has sido un buscador y te sientes cómodo, ahora quieres encontrar y eso es nuevo, tiene que resultarte natural.

Vale la pena añadir que además tenemos experiencias propias o cercanas de personas que tienen éxito y fortuna material y no la saben gestionar, y esto nos va generando creencias que nos hacen creer que siempre va a ser así. Ya te he hablado al principio de vincular prosperidad material a ser avaricioso. Estas personas pueden tener esta idea y, así, cuando consiguen el éxito activan su parte avariciosa, siempre quieren más, pierden la generosidad, como si nunca tuvieran suficiente. Y esto puede ser porque entran en el miedo de perder lo que han conseguido y desconectan de la esencia expansiva de la vida que los ha llevado donde están. En los dos casos, el miedo a perder o a no tener suficiente están activos, porque la situación de abundancia los ha activado. En el fondo sienten que no merecen lo que han obtenido. El miedo más interno ha aparecido. Ya no tienen miedo de crear y tener éxito, pero todavía no sienten el amor y el merecimiento de lo que han obtenido, por lo tanto, todavía no han creado nada desde la abundancia de forma completa. En realidad, ya están a un simple paso de transformarlo, y es aceptando estos miedos, y cambiarlos para confiar en quienes son realmente: seres con un poder creativo ilimitado, fruto del amor y que están aquí para crear desde la abundancia.

A veces las experiencias vitales relacionadas con procesos difíciles de digerir, de miseria material, pueden tener la virtud de empujar nuestra transformación. Puede ser que, en algunos casos, desde la abundancia material, nos cueste más cambiar porque aparentemente tenemos una vida más fácil. En realidad, las dos situaciones de vida presentan los mismos retos, conocerte, deshacerte de ideas que te intoxican para poder expresar todo tu potencial. Y este es un proceso que nunca acaba, tampoco cuando consigues tus objetivos. Al fin y al cabo, tú eres un proceso creativo en evolución, para conseguir integrar cada vez más todas tus partes y ser quien eres en todo momento.

Te pondré un ejemplo de un emprendedor. Cuando vino a verme acababa de cerrar un proyecto, se había arruinado completamente. De hecho, no era la primera vez. Ya había creado diversos proyectos y empresas. Tenía la sensación de repetirse siempre lo mismo de no saber salir de ahí. Era considerado un emprendedor de éxito y en serie, pero el proyecto que mejor había terminado era uno que había vendido en un buen momento, el primero. Pero después, el dinero obtenido del primero lo había invertido en diferentes proyectos hasta que había perdido prácticamente todo su dinero.

Al final, estuvimos comentando durante mucho rato cómo se sentía, y todas sus cualidades emprendedoras que tenía y ya había experimentado, que eran muchas. En un momento de la conversación me expresó que le gustaría volver a la esencia del primer proyecto, del que había ido bien. Y le pregunté:

— ¿Por qué crees que te fue bien?

— En ese momento no sufría por nada, tenía la sensación de que era un buen proyecto, y finalmente cuando lo vendí me sentí bien, pensé que había ido bien, porque durante 5 años lo había podido crear y verlo prosperar.

— Y entonces, ¿qué cambió después?

Me confesó que en los nuevos proyectos sufría por perder el dinero que tenía. Pero como creía en emprender y se sentía realizado creando, pensó que lo tenía que seguir haciendo.

Le dije que él sabía crear desde su abundancia, porque ya lo había hecho. Ya había conocido el éxito, también material. Pero que primero tenía que mirarse y ver qué sentía en este momento, que ahora se conocía un poco mejor que en los inicios. Ahora sabía que tenía miedo de perder lo que tenía. Por eso, cuando quería «repetir» la misma primera experiencia, pero lo hacía desde el miedo, materializada lo que temía, perder el dinero. Le dije: «cuando no tenías nada, era más fácil no tener miedo. Ahora que vas consiguiendo cosas se te despiertan nuevos miedos. La única forma es trabajarlos y aceptar que forman parte de ti, que de hecho ya estaban ahí al principio, la única diferencia es que ahora tienes la suerte de saberlo y poder hacer algo al respecto.

¡Y una cosa positiva que tienes es que te has atrevido a seguir emprendiendo! Hay personas que tienen este mismo miedo que tú, pero no lo saben. A pesar de haber conseguido mucho, tienen pánico a perderlo y esto no les permite disfrutar de lo que han conseguido. El dinero está, pero no les es de utilidad para expresar su poder».

Así, al final, este emprendedor había comprendido más sus cualidades y se permitió volver a emprender, porque siempre tenía ideas y proyectos. Entró en un proceso de aceptar sus miedos y cambiar su manera de entender la prosperidad. Continúa siendo un emprendedor de éxito con muchas cosas por ofrecer al mundo.

Ahora te hablaré de crear desde la abundancia en contraposición a crear desde la escasez desde la perspectiva de crear valor para nosotros y los demás. El proceso de crear un proyecto se basa en ayudar a solucionar ciertos problemas o necesidades que percibimos en nuestro entorno.

Y, ¿cómo se consiguen solucionar las necesidades? Pues teniendo empatía hacia un problema y hacia quién lo tiene, desde la propia visión interior personal. Y así crear esta solución que pueda ser valiosa y tener un impacto positivo en los demás. Cuando creas desde la abundancia te permites tener empatía y acabas solucionando necesidades reales que aportan valor a los demás y, de rebote, a ti.

Mientras que, si creas desde la escasez, te da miedo tener empatía hacia el problema y quien lo tiene, visualizas siempre lo que puedes perder, y por tanto, las soluciones no son hacia problemas reales sino imaginarios. Entonces, estas soluciones no crean valor, los problemas reales siguen sin solución.

Cuando creas desde la abundancia, creas valor. Lo normal es que este valor sea percibido por quien lo recibe, porque le soluciona problemas que tiene. Cuando alguien está recibiendo alguna cosa valiosa que tiene impacto positivo en su vida, tiene ganas de compensar pagando un precio óptimo. Quien crea desde la abundancia acostumbra a hacer cosas que tienen mucho valor para los demás. Suele ser un canal para que los demás se ayuden y apoderen a través de lo que crea y que ha diseñado para que sea útil para ellos.

Ahora, desde la perspectiva de generarte prosperidad, quiero que entiendas los dos procesos de creación: crear desde la abundancia comparado con hacerlo desde la escasez.

Te dibujo el proceso de crear desde la abundancia, de una persona que triunfa y consigue prosperidad:

> Crear desde la abundancia ➛ tenemos empatía ➛ creamos soluciones a problemas reales ➛ valor percibido externo más alto ➛ precio a pagar no es un problema ➛ prosperidad e integración

Por el contrario, te pongo el caso de quien crea desde la escasez, de una persona que no consigue prosperidad.

> Crear desde la escasez ➛ miedo a tener empatía ➛ creamos sin conexión con soluciones reales ➛ valor percibido externo más bajo ➛ precio a pagar siempre es el problema ➛ no prosperidad y fragmentación

¿Ves las diferencias? Si emprendes desde la abundancia y desde el amor hacia ti y los demás, incluyes todo tu ser creativo e inspirado en el proceso, y lo que haces tiene valor para los demás. Y, ¿cómo les ayuda? Pues solucionando problemas reales que tienen. Estrictamente, se ayudan a ellos mismos a través de lo que tú les ofreces. Quien recibe tus servicios y productos, tu energía más auténtica en movimiento, estará dispuesto a darte a cambio bienes tangibles e intangibles como compensación. Entras en un proceso de prosperidad, a todos los niveles, también material y espiritual. Inicias el círculo virtuoso de crear desde la certeza de tu poder y abundancia. Además, al prestar atención a esta certeza, cada día estará más fuerte y presente para ti.

Cuando creas con la intención de solucionar una necesidad que has visto que tiene alguien, lo haces desde tu parte más profunda y noble, sabiendo que tú puedes contribuir a resolver determinadas necesidades a una persona. Y una parte muy importante de esta nobleza es que lo harás de tal manera que te alinearás con su manera de ser y hacer. No forzarás nada, sino que estarás disponible para que esta persona escoja libremente lo que tú le ofreces. Lo haces desde la empatía. Lo haces con convencimiento de que tú sabes cómo contribuir a que se ayude a ella misma a través de ti, a que se apodere.

Tienes la capacidad de decidir empezar este proceso personal y cuando lo hagas avanzarás hacia dar y recibir valor.

Si entonces decides crear una empresa, es decir, hacer un proyecto colectivo, y lo creas desde la abundancia, tendrá un efecto multiplicador. Una empresa es un instrumento que tiene el potencial de afectar ampliamente a la sociedad, a los clientes, a los proveedores y colaboradores. Por tanto, los proyectos que crean un producto, un servicio, que facilita que las personas se transformen, se ayuden a ellas mismas, y evolucionen, tienen mucho valor percibido. Son canales que se ponen a disposición de este apoderamiento colectivo. Por tanto, cuando creas este tipo de proyectos, cuando emprendes desde la abundancia ilimitada que eres, esto tienen mucho valor y te creará prosperidad, y también la creará para los demás.

Te quiero poner un ejemplo de aplicación de esto que te he explicado de crear desde la abundancia frente a crear desde la escasez en los proyectos colectivos. Lo quiero hacer respecto al concepto de salario emocional, que es la parte intangible que un trabajador recibe por el hecho de estar contento en el trabajo. Este concepto también tiene dos opciones de aplicación, desde la escasez o desde la abundancia, y normalmente se ha aplicado desde la escasez. Aquí te expongo lo que pasa en ambos casos.

Visto desde la perspectiva de la escasez, este salario emocional complementa el salario convencional monetario y, por tanto, si un trabajador está contento en el trabajo y se encuentra conectado con su alegría, tendría que cobrar menos dinero. ¿Por qué? Porque ya recibe intangibles en forma de «pasarlo bien» en el trabajo. Algunas propuestas, desde teorías económicas basadas en el paradigma de la escasez, proponen tener trabajadores contentos, porque así podrás pagar salarios más bajos. Sin embargo, a largo plazo, este trabajador dejará de estar contento y dejará de pasarlo bien, porque al final verá que en la empresa funciona la teoría de la escasez, que se aprovechan de cómo es. Tendrá menos ganas de expresar empatía hacia los clientes y esto origina un círculo vicioso.

Visto desde la abundancia, el razonamiento sería diferente, y más sostenible a largo plazo. Cuando tengo trabajadores que se lo pasan bien haciendo lo que hacen, tratan mejor a los clientes, tienen empatía y solucionan problemas reales, entonces los clientes percibirán un valor más alto y estarán dispuestos a pagar un precio más elevado. Como consecuencia, a la empresa le irá mejor y podrá pagar salarios más altos. Si lo hace, al pagar salarios más altos, los trabajadores estarán más contentos porque se sienten reconocidos también en lo material, y se origina un círculo virtuoso.

Fijémonos que, en un caso, pensamos que «ya que te lo pasas bien y te sacrificas menos» mereces menos salario. En el otro, en cambio, pensamos que ya que te lo pasas bien y creas desde la alegría y el bienestar, das más valor a los clientes, y te mereces mayor salario, porque con tu actitud creas más valor. Claramente en el largo plazo, crear desde la abundancia es más sostenible.

Si tienes un proyecto y lo quieres materializar, tienes que entender las consecuencias de hacer una cosa o la otra.

Finalmente, vale la pena entender que hasta ahora has ido oscilando entre hacer cosas desde la abundancia y desde la escasez. No hay nada malo en lo que has hecho, seguro que en alguna medida te ha servido. Pero ahora tienes más información y puedes hacer los cambios que te hagan falta. Y no hace falta hacer cambios radicales, sino únicamente instalar poco a poco una mentalidad que se encuentre vinculada a crear tus proyectos desde la abundancia. Puedes empezar a observarte e ir haciendo consciente tu diálogo interno. Entra en un proceso de revisión para ir deshaciéndote de esos pensamientos que te hacen tomar decisiones desde la escasez, para ir sustituyéndolos por otros que te ayuden a instalar una mentalidad de abundancia, que te ayude a experimentar la prosperidad.

Las rutinas de prosperidad son muy importantes, te hablaré de ellas después, cuando te hable de activar nuestra magia y también perseverar.

Te propongo unos mantras para que puedas rehacer el proceso de creación que tienes actualmente, deshaciéndote de cualquier idea relacionada con la escasez y los miedos subyacentes. Son mantras para ayudarte a crear desde la abundancia, desde el amor incondicional hacia ti y hacia todo lo que haces. Como ya te he ido diciendo, los mantras son verdades amplias que te ayudan a cambiar de paradigma y te proponen alternativas más cercanas a la verdad y a quien eres realmente. Como siempre, repítelos tres veces y hazlo durante un cierto tiempo, yo te propongo al menos 21 días. No hace falta que expreses los mantras en voz alta, puedes repetirlos para ti.

Acompaña los mantras con visualizaciones. Visualizar también te ayuda a verte como si ya vivieras de acuerdo con la nueva manera de pensar y vivir. Te ayuda a mirarte con todos los cambios que quieres ya realizados, a verte a ti como si ya hubieras sustituido las viejas creencias por otras nuevas. Los que te propongo son ejemplos de mantras que funcionan, pero te animo a que escribas los tuyos, con tus propias palabras. Al final tienes el poder necesario para cambiar y experimentar todo lo que decidas.

Mantras para sustituir procesos de creación desde la escasez, para procesos de creación desde la abundancia para conseguir prosperidad:

MANTRAS

- Lo que hago soluciona necesidades reales de los clientes.
- Mi éxito siempre influye positivamente en los demás.
- Creo desde la abundancia y el amor hacia mí y los demás.
- Escojo siempre emprender desde la abundancia.
- Mis proyectos tienen siempre un impacto positivo.
- Si tengo una empresa, la prosperidad llega a todos con los que colaboro.
- Hay abundancia disponible para todos.

SECRETO VI

Desvelando el sexto secreto. ¿Quién eres? Como crear tu prosperidad integrando todas las dimensiones de tu ser

Para entender cómo crear prosperidad tienes que contestarte determinadas preguntas sobre ti. En general, hay muchas preguntas que nos hacemos a lo largo de la vida, pero creo que las podemos resumir en dos. La primera pregunta que seguro que te has hecho es, ¿quién soy yo? Y la segunda pregunta que te has hecho a veces es, ¿qué hago aquí? Al final, tarde o temprano, te acabas haciendo al menos estas dos preguntas. Y cuando te las haces y te las vas respondiendo, entras en un proceso consciente de conocerte cada día más.

También te comento que hay confusión en saber quién somos, porque no estamos acostumbrados a la indagación personal. En general se valora vivir hacia fuera, enfocados a satisfacer demandas que recibimos o necesidades que nos pensamos que tenemos. E incluso, cuando nos hacemos estas u otras preguntas, muchas veces buscamos las respuestas fuera de nosotras.

Lo que hay fuera de nosotras tiene su importancia. Debemos aceptarlo, interpretarlo, y en general está ahí para que hagamos algo con ello. Ahora bien, de manera directa no es la respuesta a nuestras preguntas. Lo externo a nosotras nos puede ayudar, porque cuando lo experimentamos y vemos cómo nos afecta, podemos entrar en un proceso personal de aprendizaje. También nos puede inspirar, por ejemplo, contemplar una puesta de sol, nos puede conectar de repente con la esencia que hay en todo y sentir la perfección de la creación.

Volviendo a la confusión o conocimiento parcial de quién somos, esto nos puede llevar a no saber relacionarnos con nosotras ni con los demás. Y respecto a lo que comento aquí, una mala relación con nosotras incluye normalmente una mala relación con nuestra parte emprendedora que está aquí para proyectar y vivir una vida de plenitud y aprendizajes.

Esta confusión puede venir de tener un sistema de pensamiento que separe nuestra parte física de la parte espiritual, o que les otorgue valores diferentes. Tal vez pensamos que la parte espiritual es mejor y más deseable. O tal vez negaremos la parte espiritual y diremos que la parte física es lo único que existe. En esencia, la mayoría de los sistemas de pensamiento y religiosos intentan ofrecer caminos para conseguir una vida plena. Seguro que has sido educada en un determinado sistema de valores y creencias. Pero esto solo ha sido un punto de partida, porque tarde o temprano te toca comprobar si todavía es válido para ti.

El diseño humano está pensado para que estemos de manera natural en conexión con nuestra inspiración, y que así podamos crear todo lo que escojamos, para permitirnos evolucionar de manera integrada y coherente. El hecho de que no siempre nos sintamos así no es un gran problema, forma parte también del proceso de vivir y experimentar, forma parte de nuestra evolución. Forma parte del proceso de aceptar en toda su plenitud quiénes somos realmente.

Tienes un poder enorme que solo necesita que lo actives. Y la forma de activarlo es reconociendo que lo tienes. Cuando lo haces, abres la puerta a sentirlo cada día y entonces lo puedes empezar a expresar en tu vida. Cuando este poder no se expresa es porque de alguna forma lo estás bloqueando o no te lo estás permitiendo. De algunos de los bloqueos ya hemos hablado extensamente y la buena noticia es que puedes deshacerte de la mayoría de ellos. Aquí me gustaría explicarte otros bloqueos, consistentes en no entender nuestra naturaleza y no permitirnos ser nosotras mismas.

¿QUIÉN ERES?

Eres una expresión única, individual, particular e irrepetible de la creación, de este todo que es la vida. Eres una chispa de esta energía eterna, de esta conciencia que se expresa desde el amor incondicional y el poder de creación ilimitado. Eres una parte que tiene las mismas cualidades que el todo. Tienes la libertad total para crear y expresarte de manera única, particular, irrepetible e irremplazable.

Lo que tú aportas es único y necesario, no puede hacerlo nadie más. Si comprendes esto y puedes mantener esta certeza, te permitirás notar que tienes el poder de materializar la vida que quieres y tener el éxito y la prosperidad que decidas en todo lo que hagas.

Visto así, el poder ilimitado que tienes no te lo da nada que esté fuera de ti. Todo tu poder lo puedes expresar siempre porque forma parte de tu naturaleza, lo llevas siempre dentro de ti. Utilizo las palabras «todo» y «creación» para que te sean más útiles para mirar dentro y fuera de ti. Lo que ves fuera solo te puede recordar quién eres o qué estás decidiendo ser en este momento concreto.

Lo que hay fuera también te indica lo que estás sintiendo de manera continuada dentro de ti. Te puede ayudar maravillarte de tus capacidades cuando te expresas permitiéndote sentir amor y abundancia ilimitada. O te puede ayudar darte cuenta de qué necesitas desprenderte. Mirar hacia fuera sirve para eso, pero no añade nada de poder a tu propio poder ilimitado. Que no estés expresando este poder en toda su plenitud no quiere decir que no lo tengas disponible. Solo indica que todavía te estás deshaciendo de cosas que no te ayudan a sentir que lo tienes. Y cuando puedas notarlo, sentirás plenamente qué significa expresarlo desde tu aportación única.

Un indicador de que estás en el camino de expresar tu poder es notar que alguna cosa que has hecho te hace sentir muy bien. Ya te he explicado antes que la alegría de vivir se expresa haciendo cosas que nos ayudan a sentirnos mejor con nosotros y que aportan algo a los demás, pues estamos aquí para aportar cosas que solo nosotros podemos aportar.

Para entender mejor lo que te digo, piensa en un puzle. Todas las piezas del puzle son parte del puzle y están formadas por la misma materia y cualidades que el conjunto, es decir, todas las piezas tienen las mismas propiedades que tiene el puzle como un todo. Ahora bien, si miramos cada pieza, de manera individual, expresa una parte concreta del puzle. Es la única pieza que expresa un trozo concreto de puzle y sin esta pieza este puzle no se puede completar. Tú eres parte del puzle del universo y a su vez, eres una parte única e irrepetible. Toda la creación necesita tus cualidades para poder considerarse completa, por tanto, lo que creas tú no puede crearlo nadie más. Tienes mucho poder realmente, el mismo que la creación, pero desde tu individualidad específica, única e irrepetible.

Por tanto, todos somos partes únicas de esta energía eterna que se expresa desde el amor incondicional, la libertad y el poder de creación ilimitado. Esta conciencia que somos, es eterna, no está contenida en un marco temporal de pasado, presente y futuro. Esta conciencia solo existe, es decir, solo «es» y, por tanto, solo se sitúa en el presente. Además, tampoco está limitada a un espacio tridimensional, puede estar en todas partes a la vez, así que siempre está «aquí». Fruto del poder que tiene, dispone de un conocimiento ilimitado de todo lo que existe. Este punto sobre el conocimiento ilimitado lo desarrollaré después cuando te hable del proceso de decidir y de la intuición. La intuición es decidir desde la certeza de que tú tienes acceso en todo momento y desde tu esencia a este conocimiento ilimitado.

Cuando estamos en esta dimensión física, nuestra conciencia se expresa y crea con herramientas especialmente concebidas para hacerlo. Después te hablaré de estas herramientas, de las más relevantes, que son el ego, la mente, las emociones y el cuerpo. Cuando todo lo que somos crea de manera integrada, es cuando nuestra esencia se expresa totalmente y podemos crear prosperidad.

El poder que nos ha creado lo ha hecho desde dos principios básicos, el amor incondicional y el libre albedrío. Ambos actúan a la vez y están íntimamente relacionados. Uno sin el otro estarían incompletos, tal y como intento explicarte a continuación.

EL LIBRE ALBEDRÍO, TU PODER EN ACCIÓN PARA CREAR PROSPERIDAD

El libre albedrío te indica que tienes la libertad de actuar y decidir usando tu poder para crear tu realidad. Significa que tus creencias sostenidas, tanto conscientes como inconscientes, van manifestándose en tu realidad. Muchas de las experiencias que tienes y percibes en tu vida son fruto de estas creencias y de las decisiones que tienes asociadas.

Por ejemplo, que no acabes de creer esto que te digo también crea tu realidad. Eres libre. También lo eres para frenar lo que quieras en tu vida. Y también puedes crear todo lo contrario a lo que íntimamente quieres. Lo hacemos muchas veces, cuando creamos cosas desde la inercia de los patrones de pensamiento obsoletos, o de los sentimientos tóxicos y negativos aprendidos por nosotros que limitan nuestra capacidad de poder sentir esto que te digo. Estas partes también crean. Estás creando continuamente desde tu libre albedrío.

Y si tienes responsabilidad en tus creaciones, implica que lo que ves fuera, no está del todo separado de ti, sino que en muchos casos también es una proyección de alguna cosa que tienes dentro y has creado. Cuando te permitas sentir esto y lo comprendas conscientemente, comenzarás a decidir desde la abundancia que te he comentado antes. Podrás empezar a crear cosas diferentes que te conducirán a manifestar esta abundancia de la manera que tú decidas en tu vida, de tu manera única y particular. Cuanto más aceptes quién eres y más integres todas tus dimensiones, más expresarás el libre albedrío de manera completa y próxima a tu esencia creativa.

A veces cuando explico esto alguien se queja. Me dice que le gustaría ser astronauta y no puede por la miopía. Y puede que tenga razón. La pregunta que le haría a esta persona es, ¿por qué quieres ser astronauta? Para mí esta es la pregunta que yo me haría. Tu situación de partida te ayuda a ser razonable en tus elecciones. Puede que tu elección sea fruto de empeñarte en querer ser alguna cosa que esencialmente no te aporta nada. O puede que te indique que tu camino es conseguir vencer ciertas limitaciones y ser el primer astronauta miope. Yo no tengo la respuesta, pero tú sí.

Tener libertad va asociado a responsabilizarte de las consecuencias de lo que escoges. Tanto si creas desde una visión de ti más limitada como si no, las dos creaciones son tuyas. Lo más coherente para mí es amarlas. Si amas lo que has creado, tanto si te gusta como si no, sabrás ver qué aprendizaje esconde y es entonces cuando te permitirás evolucionar.

Muchas veces culpamos al mundo, al destino, a los demás, de lo que observamos fuera y no nos gusta. Es cierto que los demás pueden tener su parte de responsabilidad, pero solo tú puedes cambiar esa parte de ti que no te ayuda a proyectar lo que quieres. No te digo que todo lo que te pase sea directa y únicamente consecuencia de tus elecciones, pero ya te digo que una parte sí que lo es. Y por pequeña que sea esta parte, cuando aceptas que tiene que ver contigo, es cuando cambias tu universo interno y pueden empezar a cambiar muchas de las cosas que observas y percibes fuera.

Vale la pena decir que las experiencias vitales que nos pasan, pueden ser incomprensibles. No todo lo que nos pasa viene determinado por nosotros, pero sí que tenemos más grados de libertad de los que pensamos y siempre podemos hacer alguna cosa con lo que nos pasa. A veces será aceptar lo que nos pasa y lo que sentimos, sin más. Esto también forma parte de vivir y fluir hacia nuestra prosperidad. Ya te he explicado que la felicidad como tal no es siempre el objetivo. Hay situaciones que no te harán feliz. Lo más importante es estar en contacto con la alegría de vivir subyacente a cualquier situación de vida y aceptar la situación, manteniendo este hilo de conexión con nuestra parte más esencial. Cuando entendemos esto, dejamos de resistirnos al cambio, y todo lo que puede cambiar en nosotros cambia. A veces el cambio nos lleva a aceptar mejor la situación y a veces podemos comprenderla de manera más global y tomar alguna decisión. En ambos casos, hagamos lo que hagamos, nacerá de nuestro poder, y nos permitirá acercarnos a nuestra prosperidad mientras nos libera de lo que nos aleja de ella. Cada vez que tienes una crisis personal es una oportunidad para entender mejor y de manera más completa quién eres en realidad.

EL AMOR INCONDICIONAL ES LO QUE SOSTIENE LA VIDA

El amor es la fuerza que hace existir todo lo que se ha creado. Sin amor no existiríamos ni estaríamos aquí. Cuando actúa el amor, todo lo que pasa se acepta, no desde la resignación, sino desde la conciencia que pasa por alguna razón, porque alguien que está vivo ha hecho alguna elección, y, por tanto, esta elección tiene consecuencias. El amor incondicional actúa aceptando e integrando todas tus dimensiones, porque sabe que todas ellas son tú.

Tu libre albedrío es tu poder en acción y está basado en el amor incondicional. Y desde el amor incondicional no juzga nada de lo que tú escoges. Ya te he dicho que tu libertad incorpora aceptar la responsabilidad y consecuencias de lo que escoges, pero no hay ningún juicio externo que te pueda decir si lo que has escogido está bien o mal. Tú acabarás viendo en tu vida las consecuencias de lo que eliges. De hecho, seguro que ya lo has visto muchas veces. Tú verás las consecuencias de lo que haces y entonces decidirás cómo seguir. Cuanto más te acerques a la totalidad de quién eres, de manera natural actuarás entendiendo que todo lo que haces afecta a toda la creación, porque todo está conectado.

Así pues, para el amor incondicional todo está bien, porque todo lo has elegido tú. Sería una broma de mal gusto darte una libertad a medias. Es todo lo contrario, la libertad que tienes es completa y sin condiciones. Solo así tiene sentido para que puedas ver las consecuencias de lo que eliges y decidir qué hacer con ellas. Evolucionar implica aceptar las consecuencias de tus decisiones, integrarlas y aprender de verdad, con conciencia. A partir de aquí puedes empezar a tomar otras decisiones diferentes, evolucionar y prosperar.

Para mí, libertad y amor son dos aspectos que funcionan a la vez. La libertad sin amor no es una libertad completa. Siempre incorporaremos alguna ley particular que nos limita, cuando en realidad la ley que actúa es el amor incondicional hacia quienes somos, que siempre nos deja escoger con libertad. Por tanto, si somos libres pero no nos sustenta el amor, nos sentimos juzgados y entran en juego los dogmatismos. Aprender y actuar en libertad es tener la comprensión total de nuestra responsabilidad, pero la debemos tener nosotros, no puede ser impuesta sino a conciencia.

Y el amor sin libertad es más bien una versión limitada y pequeña de quienes somos realmente. Sería darnos un margen de maniobra pequeño, fruto de creencias poco amorosas hacia nosotros, que suelen acabar en desamor. Si existimos desde el amor incondicional, pero sin libertad, la palabra incondicional no tiene sentido y estamos hablando de posesión, de amor con condiciones, y esto no es auténtico amor. Aprender a amar sin condiciones no puede ser impuesto tampoco, es fruto de acercarnos a amar desde la consciencia.

Cuando conocemos los principios de la creación, podemos entender mejor qué herramientas tenemos a nuestro alcance, como seres completos, con conciencia, en esta experiencia que llamamos vida, para crear prosperidad y materializarla en toda su plenitud. Quiero decirte que todo lo que existe en ti tiene una función para ti. Todo está hecho desde el amor incondicional y tienen sentido. Así, si todo es perfecto, solo necesitas comprender su funcionamiento.

Tu ser tiene todos los instrumentos para crear lo que quieras y cada uno, cada parte tuya, está aquí por alguna razón. El cuerpo, la mente consciente, la mente subconsciente, el ego y las emociones también tienen sentido en tu vida. Están al servicio de tu consciencia individual, de tu alma, para ayudarte a desarrollarte y ser.

NUESTRO CUERPO ES EL TEMPLO DE NUESTRA ALMA

Nosotros somos seres que nos expresamos en diferentes dimensiones, también en la física.

Entonces, ¿qué es nuestro cuerpo, de qué está hecho? Pues nuestro cuerpo es básicamente energía en movimiento. Nuestra naturaleza es básicamente energética y nuestro cuerpo físico también es energía. Existe un continuo entre la parte física y energética, el cuerpo físico sencillamente se percibe de una manera más tangible, pero es energía que vibra a una frecuencia más baja.

Al ser seres que nos expresamos en diferentes dimensiones, no existe una diferencia sustancial entre lo físico y lo espiritual, estamos en todas las dimensiones a la vez. De hecho, la física moderna ya ha explicado que lo que percibimos como materia es en realidad, en esencia, también energía. Las partículas de materia se comportan como partícula y como onda. También sabemos que la materia está «vacía» y que en realidad la diferencia radica en la frecuencia vibracional o lo que llamamos nivel de vibración. Así pues, dependiendo de la dimensión donde te estés expresando, te encontrarás vibrando a diferentes frecuencias.

La parte física y espiritual no están separadas, no son bloques desconectados, existen al mismo tiempo. Somos seres con conciencia que nos estamos expresando en este momento y aquí desde diferentes dimensiones, y también en esta dimensión física y terrenal.

De este modo, nuestro cuerpo no es un problema. El problema surge cuando consideramos que solo somos un cuerpo y lo hacemos el centro de nuestra vida. Y es un problema porque nos aleja de quienes somos de manera completa y esto termina obstaculizando nuestra prosperidad.

EGO, TU PERSONALIDAD PARA EXPRESARTE AQUÍ Y AHORA

Del ego se habla mucho y en general desde la mayoría de disciplinas de desarrollo espiritual se acaba llegando a la conclusión de que el ego es un problema. Evidentemente, existen alternativas a este planteamiento y por esto te comento lo que para mí tiene sentido. El ego en sí no es un problema.

Desde mi punto de vista, el ego es una parte más que se nos hace del todo necesaria para expresarnos en esta dimensión física. Sin tu ego no puedes expresarte en tu experiencia actual, en tu vida aquí y ahora. Así pues, para mí, el error es confundir el ego con las hipertrofias o disfunciones relacionadas con el ego. Para mí el ego es una parte más de la creación, perfecta y funcional, que también debemos amar, porque también se ha creado desde el amor incondicional.

El ego es la parte que necesitamos para percibir la realidad, sin el ego no estaríamos percibiendo esta realidad desde nuestro punto de vista particular. Ahora bien, el ego también se ha utilizado de manera más coloquial cuando alguien tiene comportamientos pedantes. Así, para mí, cuando una palabra sirve para designar lo que es y su disfunción no me resulta útil. Es como si cuando te hablo de tu mano, tú entiendes que te hablo de la artrosis de tu mano. Tu mano no es el problema, de hecho nos es muy necesaria, y por eso tenemos dos. Ahora bien, si tengo un problema en la mano, lo llamo artrosis, por ejemplo, para hacer referencia a esta disfunción concreta que puede estar ocurriendo.

Así pues, para entenderlo aplicado al ego, yo pienso en el ego como un vehículo para expresarnos individualmente. El ego es nuestra personalidad y características únicas aquí y ahora. El ego, igual que un vehículo, es neutro. Cuando quiero indicar que mi vehículo no funciona, añado la palabra averiado, e indico que tengo un «vehículo averiado». Para indicar que el ego no funciona, tengo que hacer referencia a alguna de sus disfunciones, tengo que decir que tengo un problema de egolatría, egoísmo o egocentrismo. El ego nunca será tu problema, el ego te es útil y necesario como lo es tu vehículo para llegar donde has decidido estar.

Cuando una persona presenta un ego con disfunciones, este es el problema. Y ¿qué disfunciones puede tener nuestro ego? Pues puede tener básicamente tres. La primera, la egolatría, es un culto a la propia persona. La segunda, el egoísmo, es pensar excesivamente en nosotros, y no tener en cuenta a los demás, ni siquiera a los que hemos escogido cuidar. Finalmente, el egocentrismo se basa en dar mucha importancia y relevancia a la propia personalidad, hacer que todo gire entorno a ella.

Yo tiendo a pensar que todo lo que existe tiene una función. El problema para mí es que te creas que tú eres solo tu ego. Sería el mismo problema que tendrías si pensaras que solo eres un cuerpo físico. O que solo eres lo que piensas. Cuando crees que solo eres una parte, esta parte se hipertrofia y genera problemas y disfunciones. Acabas desatendiendo otras partes importantes de ti y eso te fragmenta. Y negar una parte de lo que somos va depositando mensajes tóxicos en nuestro subconsciente. Integrar todas nuestras partes y dimensiones nos ayuda a ser quienes somos, de manera completa.

Después hablaré del proceso de decidir, y te diré que tu decisión tiene que ser coherente contigo para expresarte de manera completa, con integridad. Es así como crearemos una prosperidad que dure y tenga sentido, que nos haga expresarnos cada vez más desde nuestra esencia única.

Una mención especial del ego hipertrófico es el llamado «ego espiritual». A veces nos encontramos en momentos de cambio o iniciando procesos de concienciación y planteamiento de quienes somos y qué hacemos aquí. Al hacerlo podemos entrar en el llamado «mundo espiritual». Al principio, acostumbrados como estamos a mirar fuera de nosotros para respondernos preguntas, este «mundo espiritual» también lo vemos como algo externo. Nos parece que es un estado al que llegar, alguna cosa difícil, externa a nosotros, que alguien nos da y nos resulta necesaria. Le otorgamos el poder de cambiar nuestra vida, sin darnos cuenta de que caemos en lo que se llama «ego espiritual», que siempre nos muestra la respuesta fuera de nosotros, y sobre todo como algo que nos resulta difícil de conseguir y que es muy inaccesible. Este «ego espiritual» es una de las disfunciones del ego, que se suma a las que te he expuesto antes.

Y, ¿por qué? Porque podemos entrar en un proceso de encontrarnos terapias y personas que nos digan quiénes somos. Solo te comento que pongas cierta distancia y no te llenes de necesidades espirituales y terapéuticas. Recuerda que ya te he hablado de simplificar las necesidades. Te recuerdo que no necesitas nada externo, sino solo escucharte y escoger lo que vibra contigo y te es funcional. Tú siempre tienes la última palabra. Está bien indagar y probar las terapias y prácticas que quieras. Algunas pueden ayudarte en momentos concretos y siempre puedes sacar cosas positivas, pero en realidad solo te pueden indicar maneras de ser más tú misma, porque tú ya eres perfecta en esencia y evolucionar consiste en ser consciente de ello. Yo escojo prácticas que me ayudan a liberarme. Yo escojo aquellas prácticas que me ayudan a deshacerme de cargas y necesidades superfluas, que me hacen sentir en paz, aceptarme y amarme como realmente soy. Solo tienes que encontrar maneras de deshacerte de lo que no te apodera y aprender a incorporar y sentir lo que te puede ayudar en cada momento y que te resulta útil para tus objetivos y evolución. Tienes éxito cuando brillas con luz propia, y, por tanto, cuando sientes esto que te digo dentro y tienes ganas de compartirlo fuera de ti.

LA MENTE CONSCIENTE Y LA MENTE SUBCONSCIENTE

Lo que estamos pensando continuamente proviene de lo que se llama mente subconsciente. Es todo lo aprendido, toda esa información que hemos almacenado y que continuamente recibimos y procesamos en función de nuestras creencias, de las creencias de quien nos educa, de la sociedad, entre muchas otras fuentes de información.

Esta información está acumulada y nos ayuda a reaccionar con respuestas que funcionan de forma automática, para ahorrarnos energía. Por poner un ejemplo, piensa en cuando conduces. Al principio, cuando aprendes, estás pendiente de todos los detalles, pero llega un momento en el que has interiorizado la información y los aprendizajes y puedes conducir de forma más automática y disfrutar de la experiencia que te proporciona el hecho de conducir. Así pues, no estás todo el tiempo pensando conscientemente en todos los movimientos que vas a hacer, sino que algunas cosas las piensas automáticamente y tu cuerpo responde. Entonces, ¿el problema es este conjunto de pensamientos que tienes? No, a menudo te son muy útiles. Te ayudan a decidir cosas en tiempo real y a activar tu intuición. Cuando el subconsciente está bien programado, te ayuda a ser más intuitivo, tomar decisiones en tiempo presente y, por tanto, te acerca más a expresarte desde quien eres, con plenitud.

Ahora bien, ¿qué pasa cuando hemos introducido información tóxica? Pues que el subconsciente la da por buena, porque piensa que si lo hemos entrenado con esta información es porque es buena para nosotros. La manera de poder sustituir esta información por otra pasa primero por identificar aquellos pensamientos que no nos son útiles y nos intoxican. Si aprendemos a observar nuestros pensamientos, podemos ver si nos sirven o no, y una vez decidido que no nos sirven, los podemos cambiar a través de hacerlos conscientes y sustituirlos por pensamientos nuevos que contengan una visión más poderosa y verdadera de quienes somos. Después se trata de crear rutinas. Ya te he puesto antes el ejemplo del ordenador. Solo necesitas actualizar tu *software*.

Por lo tanto, no hace falta que te enfades con tus pensamientos. Solo debes aceptar que los tienes, que se repiten y que están funcionando de forma que también van creando lo que estás viendo. Está a tu alcance, con libertad y responsabilidad, deshacerte de ellos si ya no tienen utilidad. Muchas veces los desharás expresando la emoción que hasta ahora no te habías permitido. De las emociones hablaré después.

En conclusión, tu libre albedrío funciona cuando conectas tu esencia con la mente consciente, y entras en una actividad inspirada, creando nuevos pensamientos conscientes que introduces como nuevas pautas en tu subconsciente.

Al librarte de creencias obsoletas, dejas espacio para nuevas formas de pensar en sintonía con quién eres.

Así pues, la mente consciente y subconsciente son herramientas fantásticas para canalizar tu inspiración y manifestar quién eres. Y esto también tendrá efectos sobre tu cuerpo físico, que al fin y al cabo está totalmente influenciado por tu mente.

LAS EMOCIONES, COMUNICACIÓN ENTRE LA MENTE Y EL CUERPO PARA SABER QUÉ PENSAMOS REALMENTE

Y una vez que has llegado aquí, puedes preguntarte, ¿qué son las emociones? ¿Qué hago cuando siento pena o me enfado? ¿Qué hago con la desesperanza cuando me cuesta cambiar?

Las emociones son reacciones que a veces nos embargan, y entran en contacto con lo físico, alterando nuestro momento actual. En realidad, no son malas, también tienen su funcionalidad. Son formas de darnos cuenta de lo que estamos pensando realmente sobre un tema, y si eso que pensamos nos ayuda o nos limita. Las emociones contienen aprendizajes sobre lo que tenemos que aprender. Lo peor que podemos hacer es reprimirlas.

La emoción es un vehículo de comunicación directo y radical. Cuando no sepas qué piensas realmente de alguna cosa, tu reacción emocional es la que te acerca a la verdad, pues conecta directamente la mente con tu cuerpo. Directamente, sientes eso que piensas.

Aquí no quiero entrar en la diferencia entre los diversos cuerpos energéticos y sutiles que rodean el cuerpo físico. Solo quiero que aceptes que cuando las reprimimos mucho, las emociones acaban expresándose y teniendo impacto en el cuerpo físico. Por lo tanto, es bueno para ti y tu prosperidad aceptarlas, expresarlas y después ver si tienes que hacer alguna cosa al respecto.

Te propongo un camino simple para tratar con tus emociones. Acéptalas. La aceptación es la clave en estos momentos de confusión que te abre un espacio dentro para cambiar. Aceptar es estar quieto y observar cómo te sientes. Después puedes practicar, dependiendo de qué quieres conseguir. Te propongo después diversas maneras de trabajar en ti y contigo. Te ofrezco prácticas concretas, porque practicar es activar alguna cosa que te permita avanzar una vez hayas aceptado cómo te sientes y qué te pasa.

Todas las emociones existen para que las puedas experimentar y aceptarlas cuando las sientes, y no para luchar en contra de ellas. Si eres perfecto y no hay nada malo en ti, las emociones también están bien, porque las sientes tú. Integra tus emociones, y quiérelas como una parte más de quién eres, de tu capacidad de expresarte y sentir en este mundo en que te encuentras.

A veces nos cuesta aceptar las emociones. A veces las prolongamos durante mucho tiempo porque no nos permitimos expresarlas con plenitud. Te voy a poner un ejemplo concreto con una emoción que sentimos muchas veces, enfadarnos.

Tuve una consulta con una empresaria que estaba en una situación que la había hecho sentir mal. Era una empresa familiar y la familia siempre la había menospreciado. En un momento determinado, después de muchos esfuerzos por hacerse cargo de la empresa, en una reunión de socios de la familia se sintió juzgada por unas decisiones que había tomado y que no habían tenido los resultados esperados. Se sentía víctima de su familia. Pero claramente detrás de eso había una indignación muy grande y estaba enfadada.

Durante un buen rato expresó toda la injusticia que sentía. Dejé que expresara toda su indignación. Le comenté que cuando una cosa te hace enfadar, está muy bien expresarla. Pero ella me decía que no, que no estaba enfadada, que solo se sentía tratada injustamente. Curiosamente, le costaba reconocer que estaba enfadada. Prefería quedarse en el papel de víctima.

Intenté comentarle que también estaba bien estar enfadada. Le dije que muchas veces hemos juzgado las emociones que sentimos como buenas o malas, y muy a menudo intentamos evitar las segundas. A veces hemos sentido que no tenemos derecho a enfadarnos. Hemos tenido algún progenitor que siempre se enfadaba y tal vez nosotros estábamos en un papel de víctima y de procurar evitar que se enfadase. Por lo tanto, nos sentimos bien en una situación de víctima y queja, pero, en cambio, no expresamos demasiado bien cuando estamos enfadadas.

La realidad es que no hay nada que sea malo, cada cosa es lo que es. De hecho, es normal estar enfadado en una situación como esta. No pasa nada.

Le comenté que intentase ir transformando la situación en una aceptación de cómo se sentía. Le comenté que seguramente cuando aceptara completamente la emoción concreta que sentía, estar enfadada, en ese caso, la podría expresar plenamente, y sería más natural dejar de estar enfadada y empezar a hacer algo con ello. A partir de ahí, pudo salir del estado de víctima para expresar cómo se sentía y, por tanto, admitir su indignación. Y entonces se expresó plenamente desde esa indignación.

Me dijo que, curiosamente, ya se sentía más tranquila. Le expliqué que cuando te das permiso para sentir lo que sientes, también acostumbras a darte permiso para integrarlo fácilmente. Entonces, poco a poco, la emoción, como una ola, acaba desapareciendo en la arena. Curiosamente, llevaba mucho rato expresando queja y estuvo poca mostrando indignación. Enseguida la indignación pasó a cierta determinación para poner límites a las relaciones que la habían llevado hasta aquí. Comprendió que cuando la emoción se acepta y expresa totalmente se puede actuar.

Y este ejemplo lo podemos tener con otras emociones. El secreto es permitirte primero aceptar sentir eso que sientes y después, si quieres, integrar esa emoción como una reacción natural a una experiencia vivida. No hace falta luchar en contra ni reforzar lo que sientes. El aprendizaje que contiene la emoción, sobre todo la reacción a una vivencia que te la provoca, puede ser muy variado. Tal vez te indique que puedes vivir la vida diferente, tal vez apunte algún patrón que puedes desaprender y dejar atrás. Tal vez sencillamente te lleva a aceptar el enfado porque es natural en algunas situaciones. Si aceptas de verdad tus emociones, ya no necesitas reforzarlas ni quedar atrapada en la historia o la situación que te las ha producido. Las emociones existen por alguna razón. Todo lo que has vivido te ha hecho estar donde estás, y cuando evoluciones te seguirá llevando a otros lugares más adecuados para ti.

VIRTUDES O CUALIDADES QUE DESARROLLAS CUANDO SABES QUIÉN ERES Y LO EXPRESAS

Una cuestión importante es que cuanto más enfocados estemos en manifestar nuestra prosperidad desde nuestra esencia, más avanzaremos en adquirir unas cualidades específicas que se irán desarrollando de manera natural. He puesto algunas porque me parecen muy relevantes, como son la libertad, la responsabilidad, la empatía, la humildad, la generosidad, la integridad, la coherencia, la bondad y el ser razonable. No pretendo que sea una lista exhaustiva, pero sí que son las que he ido viendo que son más relevantes para llevar una vida afortunada.

De **la libertad** y **la responsabilidad** ya te he hablado antes muy ampliamente. Cuando vas practicando tu libertad y aceptas la responsabilidad de lo que escoges, evolucionas porque tomas conciencia de tu poder. Y, por tanto, tu libertad, tu libre albedrío cada vez elige mejor qué te conviene para avanzar y prosperar.

Ligado con esto, las personas libres suelen equilibrar muy bien las partes de su ser, y huyen del egocentrismo, la egolatría y el egoísmo. No tienen hipertrofiada ninguna parte de su ser, y mucho menos de su ego, porque tienen muy clara la funcionalidad de cada una de ellas para expresar su prosperidad.

Vinculado a como nos relacionamos con los demás, encontraríamos **la empatía**, que también tiene puntos de conexión con la libertad. Una persona libre suele ser empática y reconocer la libertad de los demás tal y como reconoce la suya. Pero además, practica la empatía en muchos momentos, también ayudando a los demás a apoderarse y hacerse responsables de sus decisiones. Además, las personas empáticas ya te he comentado que crean desde la abundancia, entrando en conexión con las necesidades de los demás, para aportarles valor.

Otro aspecto importante es **la humildad**. La humildad nos ayuda a escuchar y aprender, y también a escoger bien a quién. La humildad no tiene nada que ver con reconocer nada externo a ti. La humildad es una actitud personal de aceptar que estás en evolución, aprendiendo y desaprendiendo. Y de cara a los demás es una actitud de escuchar atentamente aquellas opiniones que has pedido. Las opiniones de quienes has decidido que te acompañen en tu proceso vital.

Respecto a **la integridad**, de la que ya te he hablado, se produce cuando tienes la visión y la conciencia de que todo lo que tienes está aquí por alguna razón, y que, por tanto, todo forma parte de ti, y tiene su propio rol y función. Respecto a **la coherencia**, es tu capacidad de tener criterios de decisión que no se contradigan y, por tanto, que te ayuden a preservar tu integridad y equilibrio entre todas las partes de tu ser. La coherencia evita que te fragmentes, y también evita que una de tus dimensiones (por ejemplo, el ego), tenga demasiada relevancia y entres en hipertrofias y disfunciones. Es importante que exista coherencia entre lo que piensas, dices, decides y haces, para poder ser una persona íntegra. El estado natural de tu yo emprendedor es utilizar la inspiración para crear desde la integración de todas las dimensiones de tu ser que hemos estado viendo y con coherencia entre todas ellas.

Uno de los aspectos que he observado en personas que van desarrollando una vida próspera es **la bondad**. Al estar trabajando sus miedos, no están siempre a la defensiva, ni justificándose, ni tampoco compitiendo con los demás. Su estado de bondad viene de dentro y, por tanto, pueden expresarlo con respeto y compasión hacia toda expresión de la vida. Y vinculada muy estrechamente con la bondad, está **la generosidad**. Las personas bondadosas son generosas porque tienen la certeza de que ya tienen todo lo que necesitan y saben compartir.

Ahora bien, una de las características que más me encuentro entre las personas que emprenden y tienen una prosperidad global es que son razonables. Y aquí me refiero a usar la razón para equilibrar las demandas de los demás con sus propios procesos vitales. Tienen equilibrio entre dar y recibir, ceder y poner límites, a la vez que consiguen preservar su espacio vital en relación con el espacio vital de los demás. También equilibran entre aceptar lo que les pasa y empezar procesos de cambio. Cuando hablo de ser razonable, no tiene nada que ver con la racionalidad de hacer análisis a corto plazo, de lo que gano y lo que pierdo, intentando siempre ganar. Hablo de comprender la naturaleza de quienes son para trabajar la intuición y decidir en equilibrio qué es lo más razonable en cada situación concreta y que esto sea un punto de partida para avanzar desde allí.

¿Y los demás? Los demás son como tú. Forman parte de tu vida, y en esencia toda la vida está conectada.

Los demás agrupados en la sociedad, en la escuela y en la familia te afectan a través de las creencias sociales compartidas, que a veces ya no son las mejores para ti. Ya he comentado que la suerte es que puedes desprenderte de ellas.

Respecto a las personas concretas, solo te diré que es importante aceptar que, a pesar de ser en esencia como tú, seres con consciencia, tienes derecho a escoger tus relaciones desde tu libertad y el amor incondicional. Muchas personas están influidas por desequilibrios personales en sus dimensiones o sencillamente tienen una personalidad/ego que no necesariamente tienes que tolerar. Desea lo mejor a todos, pero no tienes que establecer una relación estrecha con cada persona. Es importante escoger bien los compañeros de viaje, porque son las personas que a tu prosperidad le llamarán nuestra prosperidad.

Recuerda que cuando emprendes, tu yo inspirado quiere desplegar su poder creativo, porque esto es lo natural. El secreto de emprender y tener prosperidad es entender que, cuando actúas desde tu versión más auténtica, integrando todas tus dimensiones en perfecto equilibrio, lo que haces acaba siendo tu aportación única al mundo, que va a tener un impacto asegurado pues solo tú la puedes hacer.

SECRETO VII

Desvelando el séptimo secreto. Tomar buenas decisiones en todo momento que te acerquen a la prosperidad

En todo momento he hablado de emprender de forma amplia, como la cualidad humana que te empuja a crear y hacer realidad tus ideas y sueños. Todos tenemos proyectos y un espíritu creador que se despliega cada día de nuestra vida. Este proyecto vital tiene que incorporar tomar buenas decisiones, que son las que te ayudan a desplegar tus cualidades únicas. Por ello a continuación te expongo cómo es un proceso de decisión funcional y cómo conseguir integrar la rutina de decidir bien.

En primer lugar, es importante que entiendas que no puedes evitar tomar decisiones. El proceso de tomar decisiones no se detiene jamás, tanto si eres consciente de las decisiones que tomas como si no lo eres. A veces decidimos desde la parte más consciente y otras nuestro subconsciente ejecuta decisiones de forma más automática.

Por tanto, tendremos que tener programado el subconsciente de manera que nos vaya a favor y nos ayude a sistematizar la toma de decisiones para alinearla con las que tomamos de manera consciente para nuestra prosperidad.

En segundo lugar, y como consecuencia de lo anterior, es importante que hagas conscientes tus creencias, para ver si tu subconsciente va a tu favor o no. Me he dedicado en los primeros capítulos a ayudarte en este punto. Si tus creencias no van a tu favor, incorpora otras que se adecuen más a quién eres realmente y a tu prosperidad.

En tercer lugar, como siempre estás tomando decisiones, incluso no decidir es decidir alguna cosa. Y normalmente será seguir creando lo mismo que has creado hasta ahora.

A continuación, te hablaré de cómo construir un proceso de decisión funcional que incorpore los cuatro aspectos clave de decidir, para que decidas a favor tuyo, en todo momento. El primer aspecto es el contenido de la decisión, qué decides; el segundo se refiere al protagonista de las decisiones, quien decide; el tercero habla de cómo se toman las decisiones y el cuarto de en qué momento las tomas.

¿QUÉ DECIDES?

El contenido de las decisiones es muy variado. Muchas veces asociamos decidir a actuar y hacer. Decidir puede ser parar y no hacer nada. Todas las decisiones que tomas son importantes, todas. En todas las situaciones que vas viviendo existen opciones de decidir que te acercan a tu abundancia y otras que te alejan de ella. Lo importante es que las primeras sean más frecuentes que las segundas. A veces no puedes evitar las segundas porque como hemos comentado, tu subconsciente no siempre juega a tu favor.

Ahora bien, existe una primera decisión que debes tomar y es respecto a tu concepto de éxito y prosperidad. Ten claro que el éxito no es lo mismo para todos. Cada uno desde su perspectiva tiene derecho a elegir qué es el éxito en su caso. Así pues, defínelo para ti. Hacerlo te llevará a plantearte unos objetivos globales, personales y profesionales específicos. Es importante ponerlos por escrito, hacer tu propia lista, y tener claras tus prioridades para tenerlos ordenados según éstas.

Te pondré un ejemplo para explicar mejor a qué me refiero con tener claros los objetivos y las prioridades.

Trabajé en una consulta relacionada con un emprendedor de segunda generación. Había llegado a la empresa de su familia y tenía la dificultad de cómo asumir maneras de hacer propias de sus progenitores.

La situación era bastante caótica, porque en toda la organización se impregnaban maneras de hacer que no se adaptaban a esta persona. Además, toda la organización necesitaba un cambio de funcionamiento porque, tal y como se había gestionado hasta entonces, ya no era sostenible.

Lógicamente, en este caos y confusión, la empresa tenía que seguir funcionando, pero a la vez, se tenía que materializar su relevo generacional. Así, hacía falta implementar todos estos cambios de maneras de funcionar, pero contando con el equipo actual.

El equipo actual se quejaba de la anterior forma de trabajar, aunque también estaban bastante acostumbrados a ella. Entonces, querían cambiar, pero también les suponía un reto. Algunas personas habían enterrado mucho tiempo de su vida en formas de trabajar poco funcionales y ahora les tocaba volver a aprender nuevas formas de hacer. Aparentemente ganaban, pero tenían resistencias y bastante pereza.

Después de hacer toda una lista de objetivos era necesario priorizar. Debido a que se quería un equipo más implicado, se decidió como objetivo prioritario conseguir aumentar la participación del equipo en la toma de decisiones. Ahora bien, no disponían de las herramientas para ello. Así pues, directamente vinculado con este objetivo prioritario y para desarrollarlo, fueron creando herramientas de participación del equipo en la toma de decisiones. Esto permitió poner el foco en esta prioridad y organizar mucho mejor la transición.

También te comento que a pesar de que tienes la capacidad de decidir, tal vez no siempre la hayas practicado conscientemente. En muchos casos no estamos educados ni entrenados para decidir qué nos conviene desde nuestro poder, y esto se puede dar por diversos motivos.

Puede que no creas que puedes elegir casi nada. Es muy habitual que vivas de forma automática y que vayas funcionando sin hacerte demasiadas preguntas, como si la vida ya te condujera a algún sitio sin tu intervención. Tal vez has estado viviendo con cierta resignación. O en algún momento has decidido renunciar a tener objetivos y a decidir hacer alguna cosa con respecto a ellos.

Puede que no tengas demasiado claro lo que quieres. La vida te ha ido más o menos bien, haciendo lo que crees que te tocaba hacer en cada momento. Por ejemplo, aquello que tocaba basándote en parámetros vinculados a las creencias mayoritarias de tu cultura y sociedad. Y hasta ahora no has empezado a querer cosas distintas y a plantearte nuevos retos.

Puede que te cueste centrarte y concretar. A veces nos dispersamos o no expresamos nuestros objetivos con claridad. A veces fruto de querer perseguir demasiadas cosas a la vez y no tener claro si son compatibles o posibles en este momento concreto.

Y cuarto, tal vez confundes lo que tú quieres con lo que quieren los demás. En general los demás tendrán su papel en tu vida, pero es importante que separes lo que piensas tú de lo que han «pensado por ti».

Finalmente, quiero que entiendas que decidir es un proceso que vas mejorando y afinando, para despertar lo que yo llamo «intuición». Cuanto más automatizas tus procesos de decisión a través de rutinas del subconsciente alineadas con el consciente, más despiertas tu intuición. Y con la intuición activada, las decisiones acaban siendo rápidas, precisas, concretas y favorables. De hecho, en realidad, cuando esto pasa acabas tomando las decisiones desde tu consciencia, o desde tu *supraconsciente*. Las herramientas que te he expuesto en el capítulo anterior actúan de manera integrada y coherente, sin fisuras.

Así pues, de vez en cuando, para y céntrate. Conecta con tu esencia. Mira dentro de ti, y encuentra el equilibrio entre hacer y dejar de hacer. Es cuando te encuentras y te sientes totalmente en este estado de equilibrio que tomas las decisiones enfocadas, porque te das espacio para sentir primero dentro de ti aquello que realmente quieres ver materializado fuera. El proceso empieza en ti, en ser consciente de lo que ya no necesitas hacer y de lo que necesitas empezar a hacer. Una vez esto ocurre puedes actuar en consecuencia y crear tu realidad.

Cuando consigas decidir desde tu intuición no habrá ninguna diferencia entre quién eres, cómo te sientes y lo que ves fuera de ti, tus creaciones. Todo formará parte de ti, con coherencia, sintiéndolo de manera plena e integrada. Y cada vez te resultará más fácil ejercer tu libre albedrío desde tu esencia más íntima y particular. Una manera de sentir, pensar, hablar y crear que te llevará a decidir qué hacer, y te será propia y genuina.

¿QUIÉN DECIDE?

Para empezar tienes que saber que tú eres el protagonista de tus decisiones. Es importante que interiorices plenamente que solo tú puedes ejercer tu libertad con responsabilidad. Incluso en casos en los que creas que otro ha decidido por ti, en realidad si se trata de tu vida, cuando tú validas estas decisiones, eres responsable de sus consecuencias.

A veces queremos hacer felices a los demás y eso en parte está bien. Pero no estamos aquí para satisfacer las demandas de los demás, sino para decidir qué demandas de los demás queremos satisfacer. Tenemos la capacidad de decir «sí» y también de decir «no». Y es nuestra elección la que tiene importancia en nuestra vida.

Respecto a las opiniones de los demás, de manera general, tendríamos que liberarnos de la necesidad de incluir siempre las opiniones de terceras personas en nuestras decisiones. Solo lo tenemos que hacer si así lo decidimos, y tienen que ser personas relevantes para nosotros.

En relación con lo anterior, te recomiendo que tengas discreción en comentar aspectos de tus proyectos cuando se encuentran en fases muy embrionarias. Muchas veces, cuando tenemos un proyecto, las opiniones generalizadas y poco informadas nos pueden generar confusión. Si estamos en procesos de cambio, el ruido externo no nos conviene y no suele servirnos para mejorar nuestros procesos de decisión. Además, cuando tenemos creencias sobre nosotros de que no valemos lo suficiente, algunas opiniones las activan, y entramos en un proceso automático que nos lleva a seguir decidiendo y actuando basándonos en estas creencias de que no valemos lo suficiente. Si este proceso sigue, podemos acabar bloqueando nuestra creatividad y nuestros proyectos. Muchas personas explican demasiado sus proyectos cuando todavía los están concibiendo y eso lleva a no consolidarlos. La prosperidad implica priorizar un diálogo interior cada vez más claro y funcional para nosotros, activando nuestra intuición. Así pues, prioriza tu claridad mental y después ya compartirás tus proyectos con quien decidas.

Otra cuestión importante es el hecho de necesitar demasiado reconocimiento externo o apoyo externo cuando tomes una decisión. En general, lo que piensen otras personas sobre lo que haces, no tiene que importarte excesivamente. No necesitas la aprobación de nadie para ser quien eres. Tienes derecho a ser cómo quieras y decidir cómo quieras también.

Así, te animo a que aprendas a ser libre y responsable y te desprendas de necesitar sistemáticamente el reconocimiento y la opinión de los demás. Tú eres el centro de lo que creas. Y, por tanto, esto implica que solo tú puedes ser tú y nadie puede sustituirte. En general no encontrarás a nadie que tenga las respuestas óptimas para ti.

Entonces, siendo así las cosas, ¿qué rol tienen los demás en mis procesos de decisión? Es interesante entender el rol de las relaciones que establecemos con los demás. Entender qué papel tienen las personas concretas que vamos encontrando en nuestro camino. Muchas corrientes «espirituales» nos hablan de que las personas con las que nos relacionamos se encuentran delante de nosotros para hacernos de espejo y ayudarnos a aceptar cosas de nosotros mismos, para así facilitar nuestra evolución.

Desde mi punto de vista, el concepto de espejo no es estricto, pues no implica que lo que ves fuera sea exactamente lo que tú eres. Muchas veces pasa al contrario. Eres una persona empática en exceso y te encuentras con un abusador. Así, el concepto espejo en esta situación sería más bien entender por qué te encuentras con un abusador y, en definitiva, por qué eres empática con él. Puede que debas aprender a poner límites a tu empatía, elegir a quién darle tu empatía, y en qué proporción dársela. Según estas teorías, necesitamos encontrarnos con estos espejos para aprender quiénes somos y tomar mejores decisiones. En general siempre existen las demás personas porque la mayoría de nuestros proyectos suelen ser colectivos. Y cuanto mejor te conozcas a ti misma, mejor escogerás a los compañeros de viaje en cualquier situación y proyecto. Seleccionarás mejor a quién escuchar y a quién no, y qué consejos te ayudan a ser la mejor expresión de tu esencia y cuáles te alejan de ella.

Podemos escuchar las opiniones de determinadas personas en determinadas circunstancias. Personas muy importantes para nosotros, con opiniones también valiosas. Una parte de escoger es decidir dejarte aconsejar por alguien. Y aquí sí que tienes que estar dispuesta a escuchar las opiniones que has pedido. Pero solo a escucharlas, porque como las decisiones que tomas son tuyas, no hace falta seguir las indicaciones de esta persona. Ahora bien, solo si has pedido su opinión. Esto, en ningún caso, se aplica a las opiniones que no has pedido. Estas no tienes por qué escucharlas, y aún menos, seguirlas.

Eso, sí, cuando creas un proyecto con otra persona, con quien de manera voluntaria compartes procesos de decisión, tienes que escuchar de manera muy atenta como piensa esta persona, para llegar a consensos y asumir la responsabilidad de lo que acabéis decidiendo conjuntamente.

He descubierto que cuanto más libre es una persona, menos reproches hace a los demás al trabajar conjuntamente. Existe una falsa idea de que las personas libres, al tener criterio propio, no aceptan los errores de los demás. Esto es falso, una persona libre no es individualista. Cuando decide hacer cosas en equipo, es respetuosa con la libertad de los demás, porque reconoce la suya propia. Pero cuando esta persona cuando escoge conscientemente emprender de manera colectiva, lo hace de manera completa. Y, por tanto, asume las decisiones colectivas y sus consecuencias como propias. Además, este tipo de personas, como aman genuinamente el talento, se orientan hacia colaborar en vez de competir. Al no competir, no tienen miedo del talento de los demás y lo pueden incorporar en sus equipos, sumar y tomar decisiones conjuntamente.

¿CÓMO DECIDES?

Durante todo el libro te he hablado indirectamente de cómo tienes que enfocar tu creación de prosperidad. Todo lo que te he dicho hasta ahora, referente a deshacerte de cualquier creencia que te limite, sirve también para el proceso de decidir y en concreto para aquello encaminado al «cómo decidir».

Cuando he hablado de crear desde la abundancia, también te sirve para tomar decisiones para conseguir tus objetivos. Las decisiones que tomes desde la visión del amor y la certeza de tenerlo todo, te conducirán a crear desde la abundancia. Las decisiones que tomes, desde el miedo de que siempre te faltan cosas y desde la sensación de escasez, te llevarán a crear desde la carencia. Al final, cuando te he hablado antes de crear, ya estaba incorporando dentro del acto creativo, todas aquellas decisiones continuadas que estamos tomando mientras creamos. Cuando creamos desde la abundancia, y tomamos las decisiones desde la abundancia, activamos la intuición de la que te he hablado antes. Las decisiones son rápidas, fluidas y nos conducen a acercarnos a la prosperidad.

Otro aspecto de cómo decidir, implica poner en funcionamiento todas las virtudes del ser que te he expuesto antes. Cuando decidimos lo tenemos que hacer desde la libertad y con responsabilidad. Con coherencia para sentirnos integrados. Quiero profundizar en la integración porque muchas veces cuando decidimos mal tendemos a culpar a nuestro ego, como si quisiera jugarnos una mala pasada. Se habla entonces de que debemos decidir «librándonos» del ego, que es el culpable de las malas decisiones por tener una vibración baja, y que nos aleja de ser quienes realmente somos.

Yo creo que no es así. Ninguna dimensión es peor que otra. El ego no es peor que el alma. La dimensión física no es peor que la espiritual. La dimensión física la hemos escogido para tener una experiencia en este plano de existencia y, por lo tanto, está bien disponer de nuestro cuerpo. Ahora bien, nos podemos expresar en esta dimensión física desde el amor o desde el miedo, como ya te he explicado antes. Es cuando somos coherentes y decimos que la existencia se basa en el amor incondicional que aceptamos que todo lo que existe está hecho desde este amor. Entonces entendemos que no se tiene que eliminar ninguna dimensión en particular, solo tenemos que integrarlas todas. Y desde la toma de decisiones de manera integrada podemos activar la intuición.

Y, siguiendo con las cualidades o virtudes, siempre tenemos que procurar decidir con empatía, poniéndonos en la piel de quien recibe las decisiones o puede salir perjudicado por ellas. Esto incluirá necesariamente ser generosos con los demás. También con humildad, con espíritu de aprender y escuchar a las personas que son relevantes para nosotros.

Y, como ya he comentado, la cualidad necesaria para tomar decisiones es ser razonable. Ser razonable implica que hay que ponderar siempre de manera específica y equilibrada distintos aspectos que son deseables pero que están enfrentados en una decisión. Por ejemplo, quiero ganar mucho dinero invirtiendo poco, sería poco razonable. Ahora bien, quiero tener un negocio próspero invirtiendo de manera adecuada en los recursos por el bien de todos, esto sí sería razonable.

Finalmente, dentro de «cómo decidir» incluyo el hecho de establecer un diálogo interno con nosotros mismos que nos permita activar nuestro poder y actuar desde quienes realmente somos.

Cuando tomamos decisiones, muchas veces nos hablamos desde el miedo, de lo que no queremos. Cuando nos hablamos desde el «no quiero» enviamos mensajes confusos, porque en esencia la creación nos responde de manera que seguiremos atrayendo lo que no queremos. Es la manera de hacernos felices, porque así podemos seguir «no queriéndolo». Imagina que quieres crear una empresa y estás buscando socias que sumen contigo. Si te pregunto qué quieres y me respondes «no quiero una socia que tenga mentalidad derrotista y que pierda el tiempo cuando emprenda», la probabilidad de éxito es baja porque seguramente te irás encontrando aquello que no quieres. Ponerlo en afirmativo, «quiero personas que sumen conmigo» tampoco es la mejor solución. Hablarnos así nos lleva siempre a seguir queriendo cosas y a no acabarlas consiguiendo nunca.

La forma de hablarnos cuando estamos en proceso de conseguir objetivos debe centrarse en la persona que somos, la persona que encuentra cosas y no en la persona que busca. Así pues, usar verbos que indiquen que todo esto que proyectas ya lo tienes dentro y solo hace falta que se pueda expresar y materializar fuera. Desde esta perspectiva puedes hablarte diciéndote «encuentro una persona que sume conmigo». Pon atención en los «tengo», «consigo», «encuentro», en general, en aquellos verbos que te ayuden a proyectar desde la abundancia y el reconocimiento de que ya lo tienes todo. Esto está relacionado y complementa lo que ya he comentado anteriormente sobre cómo crear desde la abundancia.

¿CUÁNDO DECIDES?

Solo puedes tomar decisiones ahora. Solo tienes este momento, el presente. Es importante entender que a medida que avances en el proceso de tomar las mejores decisiones, irás activando la intuición para decidir qué es lo mejor para ti en cada momento. Y respecto a los criterios de decisión que te permiten ordenar tus objetivos por importancia, al centrarte en el momento presente serán más holísticos e incisivos, más relevantes. En definitiva, tu priorización temporal será más automática porqué verás el momento actual como el único momento que existe.

Acabarás de potenciar la intuición y no tendrás expectativas o serán más razonables.

Nosotros en el mundo que vivimos lo ordenamos todo entre pasado, presente y futuro. Por tanto, el tiempo en esta dimensión física sería lineal, una línea de tiempo que nos llevaría del pasado al futuro. El hecho de ver el tiempo de esta forma nos ha hecho prestar atención demasiadas veces al pasado y el futuro. ¿Por qué? Pues porque cuando vamos viviendo vamos acumulando muchos recuerdos, algunos los hemos etiquetado como buenos y otros como malos. Esto nos lleva a usar nuestro tiempo presente recordando estos hechos pasados, con añoranza o con miedo de que se repitan en el futuro. Por tanto, mirando al tiempo como una línea, acabamos minimizando el único momento real que tenemos, el presente.

Así, puedes observar que la visión del tiempo como pasado, presente y futuro no nos ayuda a decidir lo mejor para vivir una vida plena, porque nos desenfoca demasiado hacia el pasado o el futuro y nos aleja del único momento que tenemos, el presente. Piensa en un momento pasado. Normalmente lo recuerdas con miedo a que se repita o con añoranza porque ya no está. Y piensa en un momento futuro. Normalmente, lo miras con temor a que sea peor de lo que tienes ahora o bien con la esperanza de que será mejor que el que has vivido.

Pero, ¿qué nos dice la física cuántica de la naturaleza del tiempo? Pues que más que una línea, el tiempo se podría representar como un círculo eterno de momentos presentes. Tienes la ilusión de que el tiempo avanza y queda atrás, pero en realidad siempre se encuentra en el mismo sitio. Siempre nos encontramos en el ahora.

Pero si nos adentramos en los tres momentos, veremos que el pasado básicamente lo encontramos en forma de recuerdos y pautas aprendidas, y el futuro en forma de proyecciones y expectativas. Y, tanto si recordamos lo que pasó como si proyectamos lo que queremos que pase, todo lo hacemos en un único momento, el único momento que tenemos, el presente. Recuerda siempre que solo tienes este momento. Solo puedes producir cambios ahora.

Te explicaré dos cosas que te pueden pasar con respecto a los procesos de cambio y el enfoque de tomar decisiones momento a momento. La primera es el efecto péndulo y la segunda las expectativas.

Empecemos por el efecto péndulo. Lo llamo así porque funciona como un péndulo en movimiento. Al principio del proceso de cambio, en muchas ocasiones, se producen resultados inmediatos en nuestra vida, en nuestra realidad.

Tenemos una revelación y nos entra un estado de euforia y poder personal. Pero no se trata de un estado de quietud permanente, sino más bien de un péndulo en movimiento. En esta situación, puede ocurrir que este péndulo vuelva al otro lado con facilidad y de repente los resultados se te resisten de nuevo. Se ha puesto en marcha el péndulo porque una parte de ti tiene prisa y quiere resultados inmediatos siempre. Pero está bien darse cuenta de que a pesar de que has introducido cambios, las inercias existen. Tu consciente hace que el péndulo se mueva hacia un lado, pero tu subconsciente aún está funcionando parcialmente con pautas del pasado y empuja el péndulo hacia el lado contrario. Date margen para estabilizar las nuevas formas de pensar y actuar y que tu subconsciente integre estas rutinas con las nuevas instrucciones. Si te tratas con paciencia y te das permiso para incorporar estos cambios en tus rutinas, verás que todo llega. El péndulo seguro que acabará parado en el centro de tu momento presente.

Finalmente, y respecto a las expectativas, es relevante que entiendas que una vez estás haciendo lo que has decidido, momento a momento, es importante desvincularse de los resultados. Los resultados son importantes, pero cuando tienes expectativas y los quieres rápidamente o de una manera muy concreta, te bloqueas. Y la razón del bloqueo es que las expectativas siempre te desplazan al futuro y te activan miedos, angustias e incertidumbres. Tu intuición funciona cuando desactivas todo lo que se proyecta en el futuro y cuando tomas conciencia muy claramente de que solo tienes este momento. Desde el momento presente, podrás sentir muy claramente todo tu poder y decidir desde tu intuición. Tu esencia decide así.

Cuando tienes claro que solo tienes este momento, el eterno presente, ya puedes encarar tus prioridades y centrarte en una decisión cada vez. Lo que hagas en cada momento tiene que estar muy orientado a lo que te has comprometido a hacer contigo misma. Desde este presente estarás decidiendo y actuando de manera fluida, cosa a cosa y momento a momento.

De esto te he hablado antes, cuando te he explicado que tu esencia creativa tiene las mismas cualidades que la creación, es decir, es omnipresente. Así pues, cuanto más te conectas al momento presente, más funcionas desde tu esencia creativa y más potencias tu intuición. Y la intuición funciona porque tu conciencia tiene a su alcance todo el conocimiento disponible, es conocedora de todo, y lo es desde este presente eterno. Las decisiones se toman fácilmente en conexión con este conocimiento ilimitado que se despierta en el presente, y van a ser las más enfocadas hacia crear tu prosperidad. Estás decidiendo y actuando desde el poder ilimitado que te da saber quién eres.

SECRETO VIII

Desvelando el octavo secreto. Despierta y potencia la magia que llevas dentro

Los seres humanos somos magos en esencia. Tenemos dentro un universo mágico lleno de posibilidades, de soluciones y de infinitos caminos para crecer y evolucionar. Así tú eres una persona llena de magia con la capacidad de expresarla y potenciarla cada día para crear pequeños y grandes milagros.

La esencia que tienes dentro es expansiva y creativa. Se quiere expresar desde el amor que eres y poner este amor en todo lo que haces y creas. Si así lo decides, puedes usar esta magia para transformar aquello que no te sirve, y que te ha llevado donde estás, y crear todo lo que decidas que es bueno para ti ahora. Esta magia que tienes disponible también está creada por el amor que la creación tiene hacia ti. Desde este amor puedes utilizar la magia para expresarte con total libertad.

También quiero que entiendas que la magia que tienes es real, no tiene nada que ver con cosas esotéricas ni preceptos externos o sortilegios que alguien puede hacer e imponerte.

La magia de la que te hablo es la que nos evoca todos los sentimientos de sorpresa e ilusión que solemos tener cuando somos pequeños, que a veces dejamos ir en pro de un pragmatismo y reduccionismo excesivo respecto a quiénes somos. Esto es para mí la magia, y esto es lo que quiero compartir contigo.

Por ejemplo, ¿has tenido alguna vez la sensación de entrar en una habitación de un niño, y sentirte rodeado de un confort casi celestial, un espacio donde te sientes libre de ser tú misma y expresarte? ¿Un espacio donde te sientes acogida y puedes descansar? ¿En el que puedes sentir recogimiento y conectar con tu parte más interna? Pues para mí este espacio es un espacio mágico. Puedes aplicar tu magia para crear este tipo de entornos. De hecho, puedes conseguir trabajar y vivir en un lugar donde te sientas así, creado para que te expreses de la mejor manera para ti en cada momento.

Así, puedes permitirte expresar tu magia cuando estás conectada con tu esencia. Cuando integras amorosamente todas tus partes y sientes la inspiración para ser y crear. En este estado inspirado puedes generar espacios, experiencias y resultados beneficiosos para ti. Sentir tu magia en todo momento es permitirte vivir así, de manera próspera en todos los ámbitos de tu vida, en cada momento presente.

Entonces, ¿por qué renunciar a la palabra magia cuando expresa todo lo positivo de manera tan especial, resumida y única? Aquí quiero decirte que tu magia es real y te invito a que sientas todo lo positivo que la magia y expresarla tienen reservado para ti y para crearte tu fortuna y prosperidad.

Existen muchas maneras de conectarnos con nuestra magia y ponerla a nuestro favor para sentirnos protegidos y conseguir todos nuestros objetivos personales y empresariales. E insisto, cuando hablo de magia, no hablo de nada esotérico ni ajeno a nosotros, sino del proceso de reconocer nuestra verdad más íntima. No hablo tampoco de nada externo a nosotros que tengamos que conseguir con esfuerzo y sacrificios, sino precisamente de algo bien presente e interno que solo hay que reconocer para que sea desvelado y se despliegue completamente en nuestra vida. Se trata de una constatación y realización de lo que ya somos, para darnos cuenta y experimentarlo totalmente. Tenemos muchas resistencias para creer que es así, y de hecho no hace falta que lo creas, solo hace falta que lo pruebes y si te ayuda a estar mejor, lo practiques. Básicamente, se trata de darse oportunidades para vivir con más prosperidad y ser más conscientes de ello en nuestro día a día. Algunos de los ejercicios y prácticas que te comentaré te serán más cercanos y te atraerán más, por lo tanto, pruébalos, sigue tu intuición y experiméntalos si así lo quieres. Y otros puede que no te llamen tanto la atención, ya te los mirarás otro día, si así lo decides. Te doy muchas opciones que a mí me han funcionado para que entre ellas escojas las que te convengan. Muchas veces las herramientas son más neutras de lo que pensamos, y solo actúan y adquieren vida cuando interactúan con nosotros desde mirarnos con más amor y desearnos lo mejor.

Una de las maneras que tenemos de conectarnos con la magia y que a pesar de ser muy sencilla te puede funcionar, es cerrar los ojos y notar que estás conectada con todo, sentirlo desde dentro, junto con el poder ilimitado que tienes. Si entiendes que tú, en tu vida, siempre estás en contacto con todo lo potencial que todavía no se ha manifestado y con aquello que ya lo ha hecho, serás capaz de escucharte para escoger en cada momento lo que quieres manifestar.

De hecho, tú estás en medio de estos dos mundos, del mundo de lo que ya se ha manifestado y del mundo de lo potencial, que todavía no se ha manifestado. Del mundo «no manifestado» es de donde sale todo lo que quieres expresar y manifestar. Cuando te concentras en tu poder emprendedor y creador, sintiendo que siempre está dentro de ti, puedes integrar el ego, las proyecciones, aceptar tu personalidad e individualidad, y expresarte desde la magia que eres y que siempre has sido. Al final, las herramientas concretas que te propongo a continuación son maneras de llegar a tener estas certezas, para que te sea más fácil sentirte conectado con el poder de tu magia creativa y que este poder actúe más fácilmente en tu vida.

¿Qué herramientas tenemos para conectarnos con la magia? Tenemos muchas, pero aquí explicaré las que utilizo habitualmente. Podemos hacerlo a través de mantras, símbolos, escribiendo peticiones, encendiendo velas, meditando, haciendo visualizaciones y mediante el poder del agua. También con una combinación de todas ellas. Por ejemplo, las peticiones yo las hago junto con los símbolos y con encender velas, pero las puedes hacer cuando quieras.

Al final, a medida que vayas experimentando y practicando, irás encontrando tu manera personal y única de hacer magia. La gracia de probar diferentes métodos y repetir estas prácticas, es que acabes creando tu manera particular de hacer magia.

Creo que si practicas no hay nada que se te pueda resistir. Yo he hecho todos estos ejercicios de manera constante durante mucho tiempo y te puedo decir que me han funcionado. Y como yo, muchas otras personas también han visto incrementada su prosperidad. En general, a mí me han aportado la fuerza para seguir aprendiendo, amando cada día la vida e incrementando mi equilibrio entre paz, expansión y evolución. Deseo que a ti te aporten todo esto y mucho más.

MAGIA I: LOS MANTRAS, EL PODER DE LA PALABRA PARA SER Y MANIFESTAR

Ya te habrás fijado que a lo largo del libro he ido incorporando ejercicios que incluyen mantras. Los mantras son frases que te pueden inspirar a transformar lo que ya no te sirve y cambiarlo por una versión más acertada de quién eres. La palabra con intención y conocimiento tiene mucho poder para crear y también transformar. Tenemos una manera de hablarnos a nosotros que es el fruto de lo que hemos aprendido y adoptado. Determinadas maneras de hablarnos pueden crearnos todo tipo de disfunciones, también físicas.

Pregúntate, ¿cómo te hablas a ti misma? ¿Con respeto? ¿Con amabilidad? ¿Con exigencias? ¿Tienes dentro de ti un pequeño dictador que te va diciendo que no haces nunca nada bien? ¿Tienes un pequeño irresponsable que finge que nunca ha tenido nada que ver con lo que hay fuera, y siempre te dice que mires la luna? Estoy exagerando, lógicamente. Pero seguro que cuando escuchas tu diálogo interno ves una parte del pasado y de los recuerdos acumulados que te van guiando a recrear una y otra vez cosas que haces de forma automática y has aprendido, pero ya no quieres para ti.

Esta parte de nosotros que nos habla así también somos nosotros. No hace falta luchar, precisamente cuando más negamos lo que tenemos dentro, más se refuerza y podemos acabar enfermando. La relación entre cómo pensamos, cómo nos hablamos (en nuestro interior, no hace falta que sea en voz alta), lleva a tomar unas determinadas decisiones y acciones, y a acumular en muchas ocasiones todo tipo de emociones destructivas y tóxicas hacia nosotros. En esta situación, los mantras nos ayudan a aceptar lo que hemos vivido, ser conscientes, ver qué forma parte del pasado, abrazarlo, y a partir de aquí cuidarnos y empezar a hablarnos mejor a partir de ahora.

Los mantras nos ayudan a conectarnos con una verdad más profunda. Tienen el poder de librarnos de las toxicidades y aprender a decirnos las cosas de una manera más funcional y amorosa. Cuando vamos aceptando el pasado y aprendemos a hablarnos de manera diferente, despertamos el poder ilimitado que tenemos para generar y también materializar la prosperidad.

Los mantras que te he ido proponiendo pueden ayudarte a empezar tus procesos de cambio. A veces te pasarán cosas diferentes, a veces cambiará la manera como vives las mismas cosas, es decir, como percibes la realidad. Los dos tipos de cambio son válidos para conseguir prosperidad.

Vivimos pensando que somos aquello físico que tenemos o que somos lo que pensamos. Miramos el plano físico como un espacio lleno de certezas, mientras que, en cambio, consideramos a los otros planos más etéreos e inconcretos como algo cambiante. La verdad es que la realidad física es la parte más densa de la energía, pero no por eso es inamovible ni permanente, en concreto también cambia continuamente y cada uno la percibe de manera diferente.

Todo es energía, todo. Y ya se sabe que la energía ni se crea ni se destruye, solo se transforma. Así, si todo es energía en movimiento, los mantras también lo son. Y en concreto, para el caso de los mantras, están diseñados para ser un conjunto de palabras, acompañadas de sonidos o no, que vibran a una frecuencia concreta para que provoquen transformaciones voluntarias a todos los niveles de tu ser. Los mantras contienen una determinada intención, y, por tanto, activan nuestra libertad de manera sistemática cuando los integramos en una práctica o rutina diaria.

Estamos rodeados de mantras que forman parte de nuestro día a día, y que funcionan continuamente. En muchas plegarias religiosas se incorporan mantras, compartidos y potentes, para provocar cambios y transformaciones. Por ejemplo, cuando al final de una plegaria como el Padre Nuestro, decimos «amén», estamos diciendo la instrucción, que así sea, que se produzca. Estamos dando permiso para que se haga real la plegaria que acabamos de decir. Cuando nos decimos «te quiero», estamos reconociendo el amor que llevamos dentro, incondicional, por ser quiénes somos. Cuando decimos «Om», estamos experimentando la paz mental y un estado de meditación que nos ayuda a conectarnos con nuestra esencia, donde ya lo tenemos todo. En el caso del mantra «Om», se conoce también como el mantra de la creación, de todo lo que es, ha sido y será. Otro ejemplo de mantra que forma parte de toda una disciplina de apoderamiento es el «Yo Soy». Este mantra te hace reconocer tu capacidad creadora desde la libertad y responsabilidad del libre albedrío. Todo lo que pones detrás del Yo soy, puede crear mantras concretos que van expresando quien aceptas ser en este momento y ayuda a desplegar todo lo que eres en todas tus dimensiones, también la material. Podrías decir «yo soy la claridad mental», por ejemplo, cuando estás a punto de tomar una decisión importante. Te pongo ejemplos de mantras porque a pesar de venir de tradiciones muy diferentes, se encuentran ampliamente extendidos y reconocidos y muchas personas los usan a diario. No suelo ser dogmática en nada. Tampoco lo soy en qué mantras son más efectivos. Esto lo decides tú, a mí todos los que te he comentado y los que he ido exponiendo en los diferentes capítulos me han servido y me funcionan, pero cada persona tiene la capacidad de escoger y probar los que le sean más afines y funcionales.

La clave está en que los mantras sean conscientes, y, por tanto, que sean para ti actos personales de transformación y apoderamiento, no meras repeticiones sin sentido ni comprensión. Cuando nos decimos los mantras permitimos reconocer nuestro poder personal.

Un mantra funciona cuando te ayuda a apoderarte. Por ejemplo, cuando decimos «te amo», en el fondo nos transforma si nos decimos que nos amamos a nosotros mismos, porque reconocemos que sin amarnos no podemos amar, sin estar llenos de amor no podemos darlo.

Así, como no existen unos mantras mejores que otros, sino opciones para que puedas escoger, ya te comento que el mantra más natural y efectivo para ti es el que te acabarás creando tú, y que generará desbloqueos sin mucho esfuerzo, porque saldrá tu inspiración. La única cosa que te comento es que el mantra debe tener en ti un efecto de acercarte a tu verdad, a quién eres. El mantra debe ser una verdad que te haga sentir apertura y expansión.

MAGIA II: ESCRIBIR MANTRAS, PETICIONES, OBJETIVOS E IDEAS PARA RECONOCER QUE YA LO TIENES TODO A TU ALCANCE PARA TENER PROSPERIDAD

Escribir es un acto expresivo muy potente que si se hace conscientemente y con la intención adecuada, puede llevarte a mucha liberación y sensación de plenitud y poder. Fíjate que en todas las secciones te propongo que escribas tus afirmaciones y mantras en un papel. Siempre te digo que lo hagas por escrito, aparte de decírtelas a ti o en voz alta. El hecho de escribirlas ayuda a integrarlas en tu día a día y hacerlas presentes. Esta intención sostenida también te centra y potencia su cumplimiento. El acto de escribir despierta el proceso de materialización. Además, cuando escribimos, nuestra escritura es única y personal, nos recuerda que somos una parte esencial del todo que tiene derecho a ser y crear.

También te recomiendo escribir tus objetivos de manera priorizada, así cada cierto tiempo los puedes ir revisando. Todo lo que escribes y haces concreto lanza un mensaje a tu parte creativa que activa el proceso de materialización. Tal vez has modificado alguna cosa y cuando vuelves a leer lo que escribiste te das cuenta de que quieres incorporar un matiz. El proceso de creación no se detiene, el proceso de aprender y desaprender tampoco. Así pues, deja patente por escrito cuáles son tus objetivos, cuáles son los mantras liberadores que estás practicando para ayudarte en tu proceso de concienciación de lo que te has propuesto conseguir.

Escribir también nos ayuda a fijar intuiciones e ideas que nos van viniendo a la mente, durante el día, cuando estamos proyectando y creando nuestra prosperidad. Yo tengo una libreta que llevo siempre conmigo, para expresarme y escribir ideas que considero inspiradas y que me aparecen de forma espontánea durante el día. Lo hago habitualmente como parte de mi proceso creativo. También la utilizo cuando estoy en una situación que se me resiste, entonces procuro estar pendiente de lo que pienso cuando mi intuición se despierta y me puede revelar posibles soluciones para resolver una determinada situación.

Si escribo mis pensamientos, al final del día los puedo revisar más fácilmente. Por poner un ejemplo, me pueden venir ideas a la cabeza, opciones que no había contemplado, personas con las que conectar, lugares donde puedo acceder a cierta información, entre otras. Tenerlo anotado y revisarlo me permite darme cuenta de que contenía una solución valiosa, aunque de entrada no le encontrara sentido. También me sirve para apreciar que, en algunos casos, he avanzado más de lo que creía.

Piensa que la inspiración se puede producir en cualquier momento, inesperadamente, y todos los procesos de concienciación y conexión hacen que cada vez nos sintamos inspiradas con más frecuencia. Y al estar inspiradas, la intuición, nuestro poder de decidir lo mejor en todo momento, también se activa.

MAGIA III: DIBUJAR SÍMBOLOS PARA SENTIR LA FORTUNA QUE TIENES

Los símbolos están presentes desde hace mucho tiempo en todas las culturas, para acercarnos a la verdad desde la dimensión más visual, y para reforzar peticiones y objetivos que tengamos. En general, existen símbolos para todo tipo de peticiones que incluyen todas las dimensiones de la abundancia y las intenciones.

Cada vez que se usa un símbolo, se mueven energías intencionales que ayudan a materializar los objetivos nobles que tengas.

Los símbolos transmiten mucha fuerza a tus peticiones, ayudan a que todo lo que llevas dentro se exprese para que crees tu realidad. Normalmente, los símbolos, al ser utilizados por muchas personas en diferentes culturas, terapias (como el reiki con sus símbolos propios), y sistemas de pensamiento (por ejemplo los sutras del budismo), tienen también la fuerza colectiva de ser compartidos por muchas personas para conseguir un objetivo noble similar.

Uno de los símbolos que más encuentro en muchas religiones es la espiral. La espiral, cuando se traza de dentro a fuera, ayuda a potenciar tu objetivo y a verlo materializado. La misma espiral, cuando se trata de fuera hacia dentro, ayuda a desaprender alguna memoria que funciona de forma automática, en nuestro interior y que ya no nos sirve para avanzar. Por tanto, la espiral sirve para limpiar y también para expandir, es un símbolo sencillo, pero visualmente muy potente.

Otro símbolo que también tiene mucha fuerza es el del mantra «Om». Este símbolo representa la vibración del ser, de nuestra esencia que se encuentra conectada con toda la creación, con todo lo que existe. El dibujo del «Om» resume toda nuestra naturaleza expresándose en esta vida, el conjunto de dimensiones que nos componen, como son la mente consciente, la subconsciente, las percepciones, nuestra esencia de luz y todos los estados intermedios. De hecho, este símbolo nos ayuda a entrar en nuestra quietud y silencio para reconocer nuestro poder, sentir quiénes somos y aceptar todas las dimensiones de nuestro ser. Nos ayuda a ser la versión más amorosa y real de nosotros mismos.

No quiero ser exhaustiva con los símbolos. Si sientes que pueden ayudarte, dibújalos y prueba. Piensa que contienen el poder de la escritura sumado al poder del mensaje subyacente que contienen, este mensaje es un mantra que incorpora la energía de las creencias colectivas enfocadas a generar resultados desde el amor y la abundancia.

MAGIA IV: ENCENDER VELAS, CELEBRA LA LUZ DE LA PERSONA AFORTUNADA QUE ERES

El acto de encender una vela es, en sí mismo, mágico. Y me refiero a mágico porque expresa la magia que llevamos dentro y que somos. Ya te he comentado que cuando hablo de magia no tiene nada que ver con algo esotérico ni externo a nosotros.

De hecho, las velas están presentes en muchas culturas y religiones para recordar a personas que ya no están entre nosotros, en la dimensión física. También para aportar luz cuando alguien nos acaba de dejar y queremos crear un entorno de paz para sus seres queridos y a la vez hacer un pequeño reconocimiento silencioso a quien nos ha dejado. Los lugares de culto en muchas religiones disponen de velas. También es habitual encender velas cuando se quiere crear un entorno para meditar o realizar alguna práctica espiritual o plegaria.

Entendemos que la vela encendida aporta luz y despierta la intuición. Cuando miramos su llama, nos transporta, nos recuerda la luz que ya somos y nos puede ayudar a centrarnos y a estar conectados con nuestro interior. Las velas encendidas, en definitiva, nos inspiran.

Las velas también están presentes en varios rituales que se plantean para conseguir determinados objetivos. Se vincula el momento de encender la vela con el hecho de potenciarlos y dar una intensidad especial a la intención.

Lo más curioso es que hemos reservado las velas a estos espacios más sagrados. Muchas veces no las tenemos presentes en el día a día más cotidiano, nos perdemos el poder que pueden aportarnos y la magia que transmiten al tenerlas cerca para inspirarnos mirando su luz. Tenemos prejuicios relacionados con lo que pensarán los demás y, por lo tanto, no nos atrevemos a hacerlas más presentes, como soporte, en entornos más profesionales.

Yo te propongo que no renuncies a nada que te pueda hacer sentir bien, y que intentes incorporar en tu entorno personal y laboral la luz de una vela. Ponla en reuniones importantes para ti o cuando estés inmersa en un proyecto creativo. Mirar la llama te puede ayudar a recordar la luz que eres y hacer aflorar más fácilmente tu inspiración e intuición.

Al principio de un proyecto, los retos y aprendizajes pueden ser abrumadores. Pasa muchas veces que cuando hablo con algún emprendedor, los primeros dos años parecen media vida, es como si el tiempo se condensara de golpe pasando muchas cosas en realmente poco tiempo. En esos momentos es crucial tener claridad mental, saber rehacer objetivos y prioridades, y tener la capacidad de tomar decisiones de manera rápida en la dirección que te aleje de los problemas y te acerque a posibles soluciones.

Así pues, cuando empieces un proyecto, intenta encender una vela y poner debajo una petición por escrito. El contenido de la petición puede ser conseguir un objetivo o desbloquear una determinada situación. La luz de la vela, con este mensaje escrito debajo, pondrá luz para conseguir el objetivo o desbloquear la situación. Te recomiendo que escribas la petición por dos motivos. El primero, para que puedas concretar la petición; hacer peticiones concretas y de una en una te ayuda a materializar. Y el segundo, para que cuando la leas puedas ser consciente de si se ha cumplido y agradecerlo.

La vela encendida también nos facilita procesos de cambio que se nos resisten, porque nos recuerda que no se trata de cambiar con esfuerzo, sino de fluir cada vez más fácilmente, reconociendo lo que somos en esencia, amor y luz. Así nos ayuda a poner luz al proceso de cambio para que nos sea más fácil deshacernos de creencias y entrar en procesos de hacer consciente lo inconsciente con más fluidez.

Y también te digo que a veces podemos encender una vela sin objetivos concretos. Si todo lo que vemos fuera tiene que ver con nosotros, encender una vela es un regalo precioso que nos hacemos. Nos permite proyectar una luz que al mirarla nos recuerda quiénes somos en realidad: pura luz.

MAGIA V: MEDITAR, LA QUIETUD Y EL SILENCIO QUE TE HABLAN DE QUIÉN ERES Y TE MUESTRAN QUÉ TRANSFORMAR PARA PROSPERAR

Meditar es entrar en un estado de conexión con nosotras mismas y con nuestro interior. Sentirnos a nosotras con plenitud e integrando todas las dimensiones de nuestro ser. Y hacerlo aquí y ahora, con plena conciencia de que solo tenemos este momento.

Cuando meditamos entramos en una dimensión silenciosa, en una quietud que nos hace sentir paz y nos conecta con el presente. Esto, al principio, puede aportarnos cierta confusión, porque notamos más los pensamientos repetitivos del subconsciente que van haciéndose conscientes más claramente. Pero precisamente escuchar qué nos decimos y cómo nos hablamos es revelador para hacer cambios conscientes y estar cada vez más presentes y conectados con nuestras capacidades creativas y activarlas para prosperar.

El silencio nos ayuda a percibir nuestras resistencias y decidir si queremos seguir proyectando lo mismo o no. Si es que no, también nos ayuda a incorporar ideas nuevas sobre nosotros para proyectarlas y crear cosas nuevas. En definitiva, meditar también nos ayuda a aceptarnos más profundamente, a dejar de juzgarnos, amarnos y a descansar en quiénes somos ahora.

Así pues, meditar nos aporta claridad tanto en procesos de transformación como de aceptación. Nos ayuda a entrar en nuestro interior, permitirnos espacios de silencio, de escucha interior, de sentirnos plenamente, para decidir y entonces proyectar y expresar nuestra verdadera esencia.

A veces el silencio se nos puede hacer insoportable en momentos de duelo personal por situaciones de vida difíciles de digerir. También nos puede angustiar, porque estarnos quietos puede no ajustarse a lo que necesitamos en este momento. No propongo la meditación como una práctica necesaria, sino como una posibilidad más. Y además propongo la meditación con su opción quieta, pero también con la opción de meditar en movimiento, caminando, poniendo atención a los pasos que das mientras paseas, por ejemplo.

Meditar no es forzar nada ni aceptar imposiciones externas. Recuerda cuando te hablaba del ego espiritual, que siempre te dice que has de ser lo que no eres, y que puede, por ejemplo, decirte que para meditar bien debes ser un Buda. No tienes que ser nada que no seas. La espiritualidad no se puede traducir en un objetivo externo. Meditar solo es entrar de manera personal en un estado de consciencia y conexión contigo misma. Meditar es mucho más natural de lo que imaginamos.

Encuentra un espacio agradable para ti, evoca sentimientos nobles, de amor y expansión hacia la vida y entra dentro de ti para quedarte en esta quietud y sentirte bien. A veces, para facilitar la conexión, enciendo una vela y la complemento con esencias aromáticas.

MAGIA VI: VISUALIZAR, IMAGINANDO TODOS TUS PROYECTOS HECHOS REALIDAD

Una poderosa herramienta para tu abundancia y éxito es hacer visualizaciones. En los proyectos, puedes visualizar que ya se han producido y que son un éxito para ti y los demás. Crear es lo más natural para nuestra esencia. Cuando visualizamos, reconocemos el poder ilimitado que tenemos. Aceptamos que ya lo tenemos todo y que lo que aún no se ha manifestado ya existe y solo hace falta que se materialice.

Ya hemos dicho que crear lo que queremos es natural, es nuestra esencia expresándose. Si no pasa de forma natural, es porque estamos desintegrados o no alineamos bien todas las herramientas que tenemos para hacerlo, nos desconectamos. A lo largo de todos los capítulos he hablado de la importancia de aprender, pero sobre todo de desaprender. En el caso de visualizar se puede usar para ambas situaciones.

Te puedes visualizar a ti misma más ligera en tu proceso de limpiar el camino de ideas y creencias que te bloquean para expresar quién eres. Te puedes visualizar sintiendo dentro de ti la certeza y el convencimiento de que ya estás experimentando la creación de aquello que ya has decidido. En ambos casos la visualización te permite ser cada vez más consciente de quién eres y sentirte más conectada con tu yo más auténtico, tu esencia. Así pues, los ejercicios de visualización te aportan reconexión con tu verdad más íntima y con tu poder creativo ilimitado, que es tu libre albedrío en acción inspirada.

MAGIA VII: HACER EJERCICIOS CON AGUA, INTEGRAR LO QUE APRENDES Y DESHACERTE DE LO QUE DESAPRENDES

El agua es vida, es una parte esencial de nosotros. Forma parte de muchas prácticas espirituales de materialización y potenciación de todos nuestros dones. Nosotros somos agua en un porcentaje muy elevado, por tanto, el agua que ingerimos acaba formando parte de nosotras mismas y se integra en todo nuestro ser. El agua de manera natural ya nos resulta útil para procesos de limpieza y desintoxicación del cuerpo físico.

Así pues, esta agua es parte de nosotros, la ingerimos continuamente en nuestro día a día, y la podemos poner al servicio de nosotras mismas, para potenciar objetivos y para desbloquear. El agua cargada de mensajes positivos e intenciones nobles se comunica con nuestras células para ayudarnos a sentir más quiénes somos. Al tomarnos esta agua facilitamos que los aprendizajes se integren.

Así podemos utilizar el agua que ingerimos cada día y antes de ingerirla, cargarla con todos nuestros objetivos más nobles, para que nos ayude a materializarlos. También la podemos cargar con alguna intención relacionada con la limpieza de viejas creencias, para ayudar en procesos de desbloqueo, cuando notamos resistencias a conseguir alguna cosa que queremos. Particularmente uso más el agua como refuerzo consciente de los procesos de limpieza de mis limitaciones relacionadas con la prosperidad. El agua energizada con las intenciones de bienestar hacia nosotras puede ir deshaciendo estos obstáculos de manera sencilla y natural.

Muchas terapias energéticas usan el agua para cargarla de energía, por ejemplo, en el reiki se pone el agua dentro de un recipiente de vidrio, y se puede cargar con los símbolos del reiki, para después ingerirla y que te ayude en tu momento actual. Pongo el ejemplo de la energía reiki, pero se puede cargar con visualizaciones, o usar recipientes que tengan grabados otros símbolos, por ejemplo, el del mantra «Om» u otros que resuenen con lo que quieres expresar.

En realidad, no hay límites en el poder del agua para ayudarnos. De hecho, conseguir objetivos es mucho más natural de lo que parece. Cuando estamos centrados y conectados con nosotros mismas, lo más natural es manifestar lo que queremos desde la inspiración, y hacerlo continuamente, en todo momento. Como toda práctica, la tienes que probar tú, y si te funciona, integrarla en tus rutinas.

MAGIA VIII: EL RITUAL, PRÁCTICA INTEGRADORA Y POTENTE PARA AUTOAFIRMAR TU PODER

Los rituales están presentes en muchas religiones, como herramientas de conexión interior y trabajo personal. Por ejemplo, existen ríos sagrados como el Ganges donde se entregan rituales en forma de ofrendas florales, peticiones y velas, siempre con intenciones concretas para tener el favor y la atención de los seres más evolucionados y conseguir inspiración.

También se hacen como actos de agradecimiento, por aquello que ya tenemos y reconocemos. De hecho, dar gracias es un acto de reconocimiento potente que nos recuerda que ya lo tenemos todo y nos ayuda a materializar nuestras peticiones. El hecho de expresar este reconocimiento de que ya lo tenemos todo antes de ver nuestra petición materializada nos hace confiar en nuestro poder ilimitado.

Cuando pensamos en rituales nos damos cuenta de que son mucho más cotidianos y comunes de lo que pensamos, y que las personas prósperas los incorporan de manera muy automática en su día a día. En el contexto empresarial muchas de las reuniones con diferentes colaboradores se pueden transformar en un ritual. Esto todavía es más evidente cuando hacemos una puesta en escena esmerada y especial, para crear un entorno donde sea fácil comunicarse y llegar a acuerdos. Tenerlo todo dispuesto, incorporando también bebida y comida, y situarnos en un entorno agradable, espacioso y luminoso, es un ritual muy habitual en empresas, por ejemplo, cuando se hacen reuniones para llegar a acuerdos y consolidar proyectos comunes.

En las personas emprendedoras de éxito existen distintas formas de hacer rituales, a menudo los vinculan a celebrar hitos obtenidos o a realizar acciones que conduzcan a apoderarse mediante puestas en escena cuidadas, sobre todo como he comentado, durante las reuniones y citas importantes.

¿Te has encontrado con que hay personas detallistas que tienen la magia tan trabajada que la incorporan en su día a día, haciendo sentir especiales y cómodas a las personas con las que interactúan? De ese modo, con este cuidado, con esta predisposición a crear rituales mágicos en cada acción que realizan, pueden conseguir tomar decisiones y alinear situaciones, recursos y personas para fluir hacia donde expresan su mejor versión, y así, conseguir el éxito fácilmente.

Yo soy una enamorada de los rituales, como ejercicios de auto-apoderamiento y afirmación de lo que soy y decido expresar. Pueden incluir muchas de las herramientas que te he comentado: mantras, meditación, velas, entre otras.

No hay límites en la forma de ejecutar los rituales. Los rituales se pueden hacer para objetivos muy concretos o bien por un objetivo genérico. Y se pueden repetir tantas veces como quieras, no hay límite. La prosperidad es un proceso que tiene muchas dimensiones, y además se encuentra en continua evolución. El ritual es una práctica de petición y agradecimiento que te aporta muchos beneficios, el primero de todos es dedicarte tiempo a ti misma, a tu salud integral, física, mental y espiritual.

Te pongo un ejemplo de ritual completo para conseguir sentirte afortunada en un sentido amplio. Tal vez la primera vez lo harás de forma muy literal, pero a medida que vayas cogiendo confianza irás haciendo un ritual propio y personal que será la expresión de lo que tú seres y lo que quieres manifestar.

PRÁCTICA: RITUAL PARA CONSEGUIR PROSPERIDAD Y SENTIRTE AFORTUNADA

Elementos del ritual: velas de petición y agradecimiento, papel para escribir la petición, ofrendas, cordel y hoja de aspidistra para envolver los elementos

¿Dónde puedes hacer el ritual? Te recomiendo que escojas un espacio tranquilo y especial donde te sientas en paz. Piensa que es un ejercicio completo de autoconocimiento potenciador de tu fortuna y prosperidad.

Proceso para el ritual. Te escribo los pasos que suelo hacer yo.

Paso 1) Escribir la petición en una hoja de papel.

Dedica un tiempo a pensar qué quieres escribir en tu hoja de petición. Es un ritual para la fortuna y la prosperidad, así que es bastante amplio.

Si no tienes claro un objetivo concreto, puedes poner la petición de manera genérica. Por ejemplo, puedes escribir, «deshacerme de todo lo que me aleja de sentirme afortunada y de manifestar prosperidad».

Si tienes un objetivo específico, perfecto, ponlo por escrito. Por ejemplo, si quieres conseguir un nuevo trabajo, puedes poner: «trabajar en un nuevo puesto donde pueda desarrollar mi prosperidad».

Paso 2) Preparación y trabajo con la vela.

El ritual que te propongo incluye una vela. Normalmente, las velas te recuerdan la luz que eres, y te ayudan a conseguir una sensación de paz. Ya te he hablado antes de las velas, pero ahora te la propongo en este ritual, para hacer un ejercicio concreto.

La forma que tengo de trabajar la vela es cogerla entre las manos e ir repitiéndome la petición que he escrito. Después le transmito mis objetivos. Visualizo cómo me sentiré con los objetivos cumplidos. Pídele que te ayude a tomar decisiones desde tu presencia inspirada, con intuición y sintiendo tu poder.

Una vez hecho esto, enciende la vela. Dedica un tiempo a mirar la vela encendida y sentir internamente la confianza de que tus objetivos ya están creados y solo les falta manifestarse. Deja la petición escrita al lado de la vela.

Piensa que la vela dura un cierto tiempo, y, por tanto, durante todo ese tiempo que esté encendida puedes seguir reforzando tu petición y dedicando este tiempo a hacer visualizaciones mirando la vela. Un ritual con una vela tiene la virtud que dura un cierto tiempo, y te hace prestar atención a tus peticiones mientras está encendida.

Paso 3) Preparación y trabajo con las ofrendas.

Coge las ofrendas y transmíteles tus objetivos. Visualízate con los objetivos ya cumplidos y siente la alegría que te provoca que ya se hayan cumplido. Haz este trabajo energético con cada una de las ofrendas que has escogido. Pueden ser flores, semillas, y alguna piedra especial para ti. En el caso de las semillas, visualiza cómo germinan y ayudan a que germine tu objetivo.

Cuando hayas trabajado con todas las ofrendas, es el momento de crear el conjunto que llamo ritual. Yo suelo utilizar una hoja de aspidistra para envolver la petición y las ofrendas. Cojo la hoja de aspidistra, le pongo la petición doblada y las ofrendas, hago un pequeño paquete y lo ato con el cordel. Siempre dejo el ritual al lado de la vela encendida.

Paso 4) Potenciar el ritual. Interiorización y visualización de la petición y sus objetivos cumplidos.

Mientras la vela está encendida con el ritual al lado, conviene que trabajes en él. La vela se puede ir encendiendo y apagando o dejarla encendida si estás en casa o en la oficina durante el tiempo que lo esté. En todo caso, siempre es bueno reforzar tus peticiones con visualizaciones y de vez en cuando coger el ritual con las manos, transmitiendo tus energías más creativas y amorosas. Es un tiempo que te dedicas a ti, a tu evolución y autoconocimiento.

Paso 5) Entrega del ritual

En todos los rituales se puede realizar una entrega a la naturaleza o a un templo. Puedes dejar tu ritual en un espacio especial de tu casa un cierto tiempo. Allí puedes dejarlo hasta que sientas que ya es el momento de hacer la entrega final en este espacio exterior, ya sea la naturaleza o un templo.

Paso 6) Agradecimiento

Agradecer es una parte muy importante de cualquier ritual. Muchas veces una parte que se olvida. En ocasiones nos olvidamos de agradecer por los objetivos que hemos conseguido. Y seguro que también nos olvidamos de hacerlo antes de materializarlos. En este ritual incorporo la gratitud con una triple función.

La primera función de agradecer es hacerlo por lo que ya tienes en tu vida y has materializado. Muchas veces estamos tan enfocados en conseguir cosas que no nos damos cuenta de que ya tenemos muchas cosas en nuestra vida. La segunda es agradecer como un acto de consciencia que nos hace darnos cuenta de que ya lo tenemos todo, y que a pesar de que no lo hayamos materializado, ya está en camino. Y la tercera, para agradecerte a ti misma todo el trabajo hecho para conseguir tus propósitos, un reconocimiento hacia ti y tu perseverancia.

Has hecho un ejercicio completo de desarrollo interior y autoconocimiento. Un ejercicio que incluye muchas de las cosas que te he explicado. Has trabajado con tu alma, tu yo más íntimo y atemporal. Por ello, tienes que reconocértelo. Yo para agradecer también enciendo una vela, y espero a que ya se haya consumido la primera para hacerlo.

MAGIA IX: TU PRÁCTICA DIARIA, UN EJERCICIO DE AUTOCONOCIMIENTO PARA GENERAR PROSPERIDAD

De todo lo que te he dicho, lo más importante es que escojas alguna práctica diaria para empezar. Por ejemplo, puedes escoger la de encender una vela. Las velas encendidas tienen mucha energía y la luz de la vela tiene una energía envolvente y cálida que te puede ayudar a sentirte en paz en momentos de confusión.

En general, escogería primero la que sea más natural para ti. Estamos acostumbrados a creernos que conectar con nosotras mismas implica muchos requisitos y complicaciones, pero esto también es una creencia que nos autolimita. La más natural suele ser aquella práctica que más fácilmente puedes integrar en tu vida, en tu día a día, de manera tranquila. El ritual que te he propuesto antes también puede ser un buen ejercicio para combinar todas las prácticas o la mayoría de ellas.

Una vez seleccionas una práctica, obsérvate y observa los resultados que se van produciendo en tu vida. Si quieres, escribe en una libreta lo qué te propones, cómo lo vas consiguiendo y como te vas sintiendo. Yo siempre tengo cerca mi libreta de la prosperidad. Anoto todo aquello relacionado con los objetivos, los criterios de decisión, o prioridades y los resultados ya conseguidos. Esto me ayuda a ser consciente de todo lo que ya he ido cambiando, a veces las propias creencias relacionadas con la exigencia no nos permiten ser conscientes de las cosas que ya hemos conseguido.

Todos tus objetivos son posibles, e irás viendo que alternarás cada vez más fácilmente la aceptación de lo que es con la acción de lo que quieres que sea. En cada momento verás qué puedes hacer, qué está en tus manos ahora, y lo harás siguiendo tus criterios y prioridades. Irás viendo que todas las dimensiones de tu ser son funcionales y las integrarás en todas tus decisiones y prácticas, de manera que cada vez sentirás más que no hay nada malo en ti, nada.

Te propongo entonces que integres la magia en tu vida, para conseguir cosas, para vivir experiencias fantásticas y, de este modo, ser afortunada en un sentido amplio y crearte prosperidad.

SECRETO IX

Desvelando el noveno secreto. Persevera. Incorpora rutinas que te acerquen a tu prosperidad y confía en la vida que tú eres

Finalmente, hemos llegado al último secreto. No es el último por ser menos importante; de hecho, me he encontrado con que muchos emprendedores se dejan este paso y abandonan su prosperidad cuando ya casi la habían alcanzado.

Este secreto intenta ayudarte en momentos de desesperanza, cuando tienes la sensación de que ya lo has hecho todo y has probado muchas cosas, pero no parece que te funcionen. Y digo parece, porque sí que te están funcionando desde el primer momento, pero aún no tienes los resultados parciales que te lo confirmen y la confianza en ti misma y la vida que eres, puede desfallecer.

Aunque muy internamente empieces a creer esto que te digo, puede que entres en un estado de impotencia y apatía. Te miras y sientes que te has esforzado mucho y los resultados que quieres no están llegando. Esto forma parte del proceso de ser consciente de lo que quieres y apoderarte. Ya te he explicado antes dos efectos, el efecto péndulo y las expectativas, que te alejan del presente, y los puedes haber detectado. Pero a veces, incluso a pesar de aceptarlos, sigues pensando que no te está funcionando lo que haces.

Si estás en este punto, es importante que aceptes que aún tienes creencias que te limitan, y seguramente la impaciencia es una de ellas. De hecho, si lo piensas bien, estás diciéndole a tu esencia que se exprese de manera demasiado precisa (en tiempo y forma) y esto también muestra desconfianza hacia tu propio poder ilimitado.

Por ejemplo, si lo miras mejor, puede ser que tu proceso necesite tiempo. Es como querer que una flor florezca en este preciso momento. Las flores florecen en una época concreta del año, y también necesitan tiempo para hacerlo completamente. De hecho, internamente, el proceso de florecer ha empezado, pero todavía no se puede ver externamente. Lo mismo pasa cuando empiezas un proceso creativo interior. Estoy segura de que cuando tienes la intención, este proceso ya ha empezado, pero necesita un cierto tiempo para expresarse y precipitarse hacia fuera, al mundo material.

También quiero hablarte de otras dinámicas que desplegamos cuando no conseguimos lo que queremos. Y tienen que ver con la frustración, la impaciencia y la tozudez.

Todas las decisiones que tomamos vinculadas con crearnos prosperidad siempre van asociadas a procesos que incluyen dos cosas, quitarnos limitaciones o aprender cosas nuevas. Siempre hay procesos de aprender y desaprender. Y todas estas decisiones, fruto de la intención de prosperar, se tienen que integrar en nuestra vida hasta que veamos ciertos indicadores o resultados concretos. Estos resultados nos indican si avanzamos en la dirección que queremos o bien si tenemos que modificar alguna cosa que estamos haciendo.

Así pues, cuando tienes una intención, tomar las decisiones adecuadas quiere decir actuar para deshacerte de alguna cosa que te limita o bien incorporar un nuevo aprendizaje. Y una vez hecho esto, toca seguir un proceso sistemático para integrarlo y que puedas hacerlo tuyo. Este proceso sistemático acabará siendo una rutina que integrarás en tu vida.

Esta rutina implica tomar acciones concretas, practicar, perseverar, y no menos importante, confiar en la vida, es decir, en ti. Recuerda que tú lo eres y lo tienes todo, de manera que la confianza es en ti misma, no en una cuestión externa.

Cuando hayas aprendido a tomar las decisiones más adecuadas, y hayas decidido tus objetivos, los haya priorizado y tengas un plan, te toca actuar. Y hacerlo de forma ordenada y sostenida. Ejecutar cualquier plan incorpora rutinas porque debes desplegar la perseverancia.

Para crear tu prosperidad, necesitas un plan integral. Tu plan integral tiene que incorporar un plan para conseguir tus proyectos y en paralelo un plan de apoderamiento personal. Una parte de tus objetivos son personales, de liberación de creencias que te limitan, y de saber escoger bien qué es para ti la prosperidad y acercarte a ella con cada decisión.

Así, el plan también incluye estas prácticas que te he planteado, las que tú quieras y decidas que mejor se adaptan a ti y te funcionan. Hacer una práctica diaria, por ejemplo, es una acción. Las acciones tienen que ser concretas, enfocadas a aprender y desaprender. Recuerda que a medida que vayas avanzando en tu plan, empezarás, inmediatamente, a observar resultados. Cada resultado será un indicador de si estás en el camino que querías estar. Si es así, sigue como hasta ahora. Ahora bien, si no es el caso, tienes que darte un cierto espacio y parar. Observa los resultados que no te acaban de encajar. Identifica qué te indican. Ahora es el momento de revisar lo que hemos hablado antes sobre los «errores». Cuando sepas lo que te indica el resultado, decide si necesitas rehacer o cambiar alguna acción previa, o incorporar una nueva.

Aquí cuando hablo de perseverar y practicar me refiero a acciones de transformación personal, de liberarte de determinadas limitaciones y crearte situaciones más favorables, aquí sí que la práctica y la perseverancia son pilares muy importantes para crear rutinas que perduren.

Por tanto, respecto a los ejercicios que te propongo, practica para apoderarte y hazlo siguiendo tu propia intuición. De todos los ejercicios que te presento seguro que algunos tienen sentido para ti, empieza por estos. Yo siempre comienzo por desbloquear aspectos que me limitan, pero tú tienes que ver qué es lo que te funciona a ti. Si tienes que deshacerte de aprendizajes obsoletos, céntrate en desaprender. Esta práctica también incorpora acciones concretas, pequeños compromisos hacia ti misma que seas capaz de hacer de manera continuada para que den frutos. Hay una parte de tu plan de acciones que precisamente está enfocado en proyectar cada vez más desde tu esencia más particular. Perseverar en la práctica quiere decir tener paciencia contigo misma. Saber esperar y darte tiempo. Eso lo he ido repitiendo a lo largo del libro, y aquí te lo vuelvo a decir. Crear en esta dimensión necesita un tiempo, y dártelo es amarte cuando proyectas desde tu esencia.

Respecto a perseverar y practicar es tan importante que entiendas a qué me refiero como a qué NO me refiero. Ya he hablado antes de conceptos como la dificultad, el esfuerzo y el sacrificio. De este modo, cuando hablo de practicar y perseverar, hablo de que para adquirir nuevas formas de pensar y nuevas visiones más adecuadas, hace falta cierta práctica y durante un cierto periodo de tiempo y hacerlo de forma paciente y tranquila, con naturalidad.

Estoy convencida de que no te gustaría que cada cosa que pienses se hiciera realidad. A veces nos enfadamos y tenemos deseos puntuales que de ninguna manera queremos que se hagan realidad. Por tanto, aunque no siempre lo aceptemos, la necesidad de repetir nos protege de crear cosas que «realmente» no queremos.

Y protegernos precisamente de las cosas que son fruto de una situación momentánea relacionada con la ira y la desesperación, es decir, con una visión incompleta de quién somos. En consecuencia, cuando incorpores nuevas ideas, está bien que necesites decidir de manera consistente, persistiendo y repitiendo, para demostrar que realmente quieres aquello que dices que quieres. Esta práctica y perseverancia nos ayuda a hacernos conscientes de qué queremos realmente y tal vez terminar de afinarlo. Es como si nuestro interior nos diera un poco de margen para poder visualizar las consecuencias, para reafirmarnos y decidir que sí, que esto que afirmamos que queremos, realmente es lo que queremos. Entonces, la práctica sostenida va indicándonos que nuestra decisión es firme y que las acciones que realizamos las vamos a continuar para conseguir los resultados deseados.

También quiero comentarte qué conceptos asociados a practicar y perseverar no nos ayudan. Practicar y perseverar no es insistir y forzar. Insistir y forzar suele estar vinculado a un resultado particular que queremos ver materializado cuando estamos en el proceso de creación. Queremos una cosa concreta (insistimos) y la queremos rápidamente (forzamos). Y, por tanto, nos impacientamos. Cuando no pasa lo que queremos el día que queremos, solemos insistir y forzar pensando que cambiaremos alguna cosa. Lo queremos ahora mismo y queremos una cosa muy particular, sin demasiado margen para la sorpresa.

Aquí, cuando hablo de practicar y perseverar, me refiero a poner en práctica los procesos creativos desde nuestro poder, sin aferrarnos a una manera concreta de materializar, escribiendo en el calendario el día y la hora concretas para que esto pase. Hablo de incorporar cierta flexibilidad para decidir y actuar en consecuencia una vez hemos observado los resultados que se van produciendo. Tal vez no nos acaban de gustar los resultados y tal vez es necesario incorporar matices. Y cuando practicas y perseveras, precisamente puedes hacerlo. Cuando perseveras, lo haces dando margen a que mientras estás en el proceso de práctica puedas inspirarte para actualizar aquello que quieres. Te permites confirmarte que sí que lo quieres y hacerlo incorporando estos matices.

Te puede pasar que después de intentar conseguir un determinado resultado, varias veces te digas, «no lo consigo.

Insisto e insisto, pero no hay manera». Y cuando te sientes así, entran en escena la frustración y el desánimo. Esto es muy habitual.

Muchas veces nos empeñamos en una manera concreta de ver nuestro objetivo fuera de nosotros. Tenemos una idea muy precisa de qué queremos y damos poco margen a la vida para que nos sorprenda y pueda superar nuestras expectativas. La alegría de vivir es expansiva y creativa y nunca deja de sorprendernos. Integra esta alegría de vivir en tu proceso de creación. Da margen a que la vida te muestre maravillas y te ofrezca alguna cosa mejor. Da margen a tu interior para que se exprese de una manera que te haga sentir todavía más la alegría de vivir.

Porque, al fin y al cabo, la vida que llevamos dentro, nuestra parte más íntima, tiene muy claro qué necesitamos en cada momento. Si llevas mucho tiempo viviendo de acuerdo con unas creencias determinadas y realizando acciones repetidas e improductivas, necesitas darte margen para introducir otras formas de pensar, decidir, actuar y hacer. Date margen para modificar a medida que avanzas eso que habías decidido, pues hacerlo es también amarte. Y esto se consigue con práctica y perseverancia.

Y ligado con esto de darte margen, lo que te propongo al final es que acabes cualquier acción, práctica y perseverancia sintiendo confianza. Quiero insistirte en que confíes en ti y en tu poder interior. Recuerda que eres una parte del todo y, por tanto, lo tienes todo dentro de ti. Sentir esta certeza es liberador.

Cuando esta certeza se hace presente para ti, la confianza en ti se reafirma y crear acaba siendo muy natural. Si esto no te pasa, puede ser debido a que tengas determinadas creencias asociadas con la falta de confianza en la vida. Te comento las más frecuentes para que te puedas deshacer de ellas.

La primera creencia es desconectarte de tu intención. A veces repetimos acciones, practicamos, pero lo hacemos desconectándonos de la intención, es decir, del sentimiento de certeza de la abundancia que somos. Si te pasa esto, puedes volver a conectarte con esta intención, y hacerla bien consciente con un pequeño ejercicio. El ejercicio consiste en escribir en un papel qué intención tienes, entender el proceso de materializar y crear un mantra que te puedas repetir, por ejemplo, «gracias, porque ya tengo dentro lo que quiero expresar fuera».

La segunda creencia es quererlo todo perfecto, entrando en un círculo vicioso de perfeccionismo que nos fuerza desde fuera a cumplir muchos requisitos, y esto nos paraliza. La idea vuelve a ser que entiendas que ya eres perfecta tal y como eres, y que no tienes que llegar a ningún sitio, solo sentirte que hoy ya estás donde debes estar. El perfeccionismo está muy extendido como una cosa positiva. Seguramente nos imaginamos esta cosa simétrica, ordenada, que nos da paz cuando la observamos. Pero esto que observamos como perfecto es una expresión de la perfección que somos, y no tiene nada que ver con el perfeccionismo, que siempre se presenta como una imposición externa, que más bien produce angustia y ansiedad. Observa si estás en este proceso de llegar a conseguir una perfección externa, que nunca llega. Si es así, párate y date margen para decirte esta afirmación: «ya soy perfecta tal y como soy, y expreso la mejor versión de mí en cada pensamiento, decisión y acción».

La tercera creencia es la tozudez. Podemos retrasar los resultados o retrasar su percepción al querer una cosa muy concreta y específica, y empeñarnos en que sea exactamente como la habíamos imaginado un día. La tozudez nos limita mucho, y muchas veces entramos en ella sin darnos cuenta. Nos pasan cosas buenas que indican que vamos por el buen camino, pero no las acabamos de ver, porque no son exactamente como las habíamos imaginado. Puede pasar que el resultado esté ahí, pero no lo estemos viendo. Te comento que puede serte útil ir parando y reconociendo los pequeños resultados que vas consiguiendo, para ponerlos en valor y darte un poco de recompensa cuando los veas. Un mantra útil que te puedes decir es: «siempre reconozco los resultados que se van produciendo y agradezco todo lo sorprendente que no me esperaba y también es válido para mis objetivos».

Y, finalmente, la impaciencia. Todos tenemos ganas de que las cosas pasen rápidamente. Además, entramos en trampas del ego espiritual cuando decimos que, si solo existe el ahora, cómo es que no se ha materializado ya lo que tenemos como objetivo. ¿Por qué hace falta tiempo? Si al final el tiempo no existe no debería ser necesario. Y nos decimos que alguna cosa falla. Y de hecho, no falla nada. Solo con que aceptes que tu objetivo ya ha sido creado, que está creado en el plano de lo interno, entonces puedes sentir que existe.

Pero concretarlo en la dimensión física necesita tiempo. ¿Mucho? Dependerá de cuál sea el objetivo. A veces desbloquear creencias antiguas cuesta bastante, como ha costado en su momento incorporarlas. A veces se desbloquean en segundos, casi instantáneamente. Crear cosas más materiales también puede necesitar cierto tiempo, recuerda el ejemplo que te he puesto antes del proceso de florecer, necesita un tiempo. Así pues, puedes usar este mantra, «acepto que mi objetivo está creado y lo podré percibir ejecutado en el tiempo y forma necesarios, con paciencia y tranquilidad».

De hecho, este apartado, como ya te he dicho antes, lo vincularía con el secreto que te comentaba al principio sobre los errores y el fracaso. La vida son ciclos de aprender y desaprender, que nunca acaban, que son eternos. Nos podemos centrar en el caso concreto que lleva a encallarnos y pensar que no funciona lo que estamos haciendo, que los cambios son lentos y los resultados tardan. O nos podemos centrar en ir observando y decidiendo sobre lo que se va presentando como resultado parcial, aceptando con responsabilidad que se trata de nuestra creación. Esto nos permitirá ver si debemos ajustar o no los objetivos iniciales con nuevas decisiones y acciones. Y siempre siendo conscientes de que nuestras limitaciones asociadas con la prosperidad y materializar proyectos siempre se activarán en el momento que nos permitamos crear prosperidad y materializar proyectos. Es parte del proceso de crear prosperidad, el hecho de desaprender y liberarnos de lo que nos aleja de nuestra prosperidad. Y a su vez, también se te irán presentando nuevas oportunidades de creer cada vez más en tu poder, e integrarlo más profundamente.

A continuación, te propongo unos mantras para ayudarte a tomar acciones concretas, aprender, desaprender, practicar y perseverar, desde el amor hacia nosotros, la paciencia y la aceptación de nuestro poder.

Escribo mi plan de acciones y lo ejecuto con flexibilidad y paciencia, ajustándolo sin dificultades y con fluidez.

Tengo un plan de acciones para mis prácticas de liberación de las limitaciones, y practico cada acción sistemáticamente y con perseverancia, reconociendo los resultados que van apareciendo.

Me doy margen suficiente para modificar mis objetivos a medida que avanzo y observo los resultados. Voy validándolos día a día.

Gracias, porque ya tengo en mi interior lo que quiero expresar fuera.

Soy perfecta como soy, y expreso siempre la mejor versión de mí en cada pensamiento, decisión y acción.

Siempre reconozco los resultados que se van produciendo y agradezco todo lo sorprendente que no me esperaba y que también es válido para mis objetivos.

Acepto que mi objetivo está creado y lo podré percibir ejecutado en el tiempo y forma necesarios, con paciencia y tranquilidad.

La vida quiere que crees tu prosperidad y te presenta situaciones para que cada vez estés más conectada con quien eres realmente, con tu poder ilimitado. Todo está confabulado para que sientas cada día, con más fuerza y convencimiento, que tu vida está destinada a crear prosperidad en todo momento. **Tu destino es tu prosperidad.**

Printed by Amazon Italia Logistica S.r.l.
Torrazza Piemonte (TO), Italy

92289465R00102